明治図書

できる教師の習慣大全

結果を出すマインドセット

森川正樹
教師塾「あまから」

Introduction

できる教師になる＝たくさんの「プラスの習慣」をもつ

「教師の力量」＝「教師の習慣の数」

「習慣」＝「意識せずにできること」


これまで私は「教師の習慣」についての本を上梓してきました。

教師としての力量を上げるということは、教師としてのよい習慣を一つでも多く身につけることだと考えています。そのために意識したいことをまとめていきました。

意識して、意識して、意識せずともできるようになったとき、それを「習慣」と呼びます。

教師としての「よき習慣」を増やし続けることこそ、我々教師の日常を輝かせる道だと実感しています。

いわゆる「できる教師」という人たちは、教師としての「プラスの習慣」をたくさんもっている人のことを指すのだと思います。

「マイナスの習慣」を意識し、削除しよう

それでは始めましょう。

教室を思い浮かべてください。あなたは今、子どもたちの前に立っています。何か一つのきっかけから実に様々に子どもたちとのやり取りが始まります。授業、休み時間、掃除、給食…。

例えばその中でも授業場面。

子どもの発言を無意識に繰り返していませんか。

子どもの発言を教師が繰り返せば繰り返すほど、子どもたちは仲間の発言を聞かなくなります。これは、「マイナスの習慣」ですね。

同じく授業における別のシーンでは、子どもの発言後にいつもすぐに板書していませんか。

子どもの発言を、何のためらいもなく、綺麗に、理路整然と板書していると、子どもたちはノートに書くときに考えなくなります。それはただ、板書された文字を「機械的に写しているだけ」。これも「マイナスの習慣」です。

さらに、子どもの言い間違いなどの際に周りから出てくるちょっとした笑いや、からかいの言葉をスルーしていませんか？　これをスルーし続けていると、人を大事にしない集団になってしまいます。言わずもがな「マイナスの習慣」。

このように、「よい習慣」をつけることと同時に行いたいのは、「マイナスの習慣」の削除です。

以下、日常における削除すべき学習の場面での「マイナスの習慣」について少しばかり挙げてみます。さながらレベル0（土台）といったところです。

①子どもの発言を無意識に繰り返す
②子どもの発言をすぐに板書する
③子どもの発言をいつも言い直す（整え直す）
④反応の薄い子どもたちを「言葉」で説得しようとする

①②は前述しましたので、③から。「子どもの発言をいつも言い直す（整え直す）」。これがどうしてマイナスの習慣なのか。それは、毎回子どもの発言を（教師自身はわかりやすく周りの子に対して知らせるつもりで）言い直すことで、それはもう「教師の発言」に

なってしまうのです。子どもの発言は、子どもの発言のママだからこそ、説得力がありま す。基本は変えず、わかりにくいときに整えたいならば、教師ではなく、本人に言い方を教え、言い直させます。

④の「反応の薄い子たちを〈言葉〉で説得しようとする」。四月に新しい子どもたちの集団を担任して、〈反応が薄いなあ〉と感じることがありますよね。そういうときは、「言ってごらん」「そうだなあと思ったら頷くのだよ」と必死に言葉で説得しようとしてもなかなか浸透しませんし、子どもたちもしんどくなります。

そういうときは、教師が動きながら話し、こちらを向かせます。「体の向きを変える」という「反応」から始めていくのです。

さあ、いよいよ次章からは、「プラスの習慣」の始まりです。

本書は、「習慣」というテーマに、サークルのメンバーで向き合ってみました。

今回、明治図書さんから「サークルの皆さんで習慣の本を書いてみませんか」との声をかけていただきました。すぐにサークルメンバーに連絡し、「やりましょう」と告げました。「引き受けますがいいですよね」と。

今回執筆した〈教師塾「あまから」〉は、森川が教師になったその年に、職場の同僚と二人で立ち上げた勉強会です。同じ職場でしたので、勤務が終了すると、どちらかの教室に行き、二人で、学級通信の見せ合いや、授業のレポートを交換しての授業検討などをしていました。楽しくてたまらない時間でした。次第にお互いの仲間を呼んでメンバーも増え、入れ替わりを経ながら今日まで続いてきました。ちなみに「あまから」というのは、立ち上げた当時は私が尼崎市の教員であったことで「尼から発信」という意味と、「甘いも辛いも」言い合える勉強会を、という思いから、「あまから」となったのでした。

執筆したのは、今日まで過去何年にもわたってお互いの実践を交流しながら学びを共にし、切磋琢磨してきた私の尊敬するメンバーです。

具体的な事例をバンバン盛り込んでもらいました。

必ずや先生方の背中を押すことになると確認しています。

それでは「習慣」を増やす旅を始めましょう！

二〇二三年六月　森川正樹

Contents

Chapter2

子どもが主体的に学び出す！　授業づくりの習慣　071

Contents

Chapter3

Contents

Chapter4

ウェルビーイングを目指す！　仕事術&自分磨きの習慣　195

Contents

Special

Chapter1

世界一のクラスにする！

学級づくりの習慣

点でつながる習慣

スタート地点は点。スタート直後のクラスでは、教師も子どもも「､」(点)です。やがて点と点を結び、線になり、面、立体……と上へ上へと積み上げていきたいものです。その際の、三つの心がけを紹介します。

①スキマ時間にも、点でつながる

子どもの前年度からの引き継ぎ資料は他人に書いてもらったざっくりとした地図です。この地図をたよりに個別に訪問するイメージをもちましょう。スキマ時間にも頻繁に声をかけたり、子どもにかけられた声をしっかりとつかんだりして、線にしていきます。

②授業時間中も、全方位に声かけ―＋αをこめて全力でつながる

授業中も、どんどん、いろいろな場面でコミュニケーションのきっかけを惜しげなくばらまいていきます。

挨拶、ハンドサイン、〇つけの一言、挙手への一言、書類提出やプリント提出のときの

一言、ささいな貸し借り、質問に対する一言……様々な場面で数を多く、大量に声をかけまくります。
そしてリアクションを返されたときは、タイミングよくしっかりとつかみ、すぐ＋α（ポジティブな一言）を添えてコミュニケーションの線が太くつながるように関わっていきます。

③全員ひいき

クラスづくりのスタートは全員のよい点をどんどん発見し、指摘していきます。全員をひいきする感覚です。残念なところばかりが目につく子もいるかもしれませんが、今だけを見ず、その先の未来像に語りかけるように声をかけ続けます。「本当の君の姿は～だよ！」とビジョンを伝えていきます。

こうして得た情報や声かけ（具体的にどのような声をかけたか）は、できる限り何らかの形でテキスト化しておくと、学級通信や所見資料、懇談資料と、幅広く活用することができます。継続すればするほど資料の価値は上がっていきます。

（藤原光雄）

布石を打つ習慣

クラスを見渡してみたとき、「リーダーがいない……」と、リーダー不在に気づくことがあります。目の前の学年集団が、過去にリーダーが育つ環境ではなかったということかもしれません。低・中学年と、うまくリーダー経験を積み上げることができていれば、素養のある子は着実に育っているはずです。それができない環境であったということです。

マイナスのコミュニケーションでお互いが傷つけ合い、卑下し合う負のスパイラルで、よいところを認められない状況（褒めたら負け！）が生まれています。お互いの潰し合いで、正統なリーダーが育たず、力関係で成立するヒエラルキー。ジャングルの掟が支配する集団環境です。

リーダー不在の場合、他愛のないささいなお手伝い仕事（表に出ない裏方的な仕事）などから貢献する経験をさせます。それらをスモールステップで積み重ねながら「伸びていってくれるといいな」くらいの感じで積み上げていきます。クラスへの貢献を相互に認めながら少しずつ、です。

リーダー不在でも貢献してくれる子どもが増えていけばいいかな……という気持ちでい

いと思います。

そして機会を見て、リーダー的な仕事に挑戦をさせてあげたいとき（表舞台に出る仕事）は、率直に「どう？」とたずねながら判断をゆだねます。自立したリーダーになれるまで丁寧に関わっていきます。リーダーは育てていく存在であるからです。

リーダーグループを育てる方向もいいでしょう。グループでクラスを少しずつ動かしながら、いろいろな仕事をこなせる力をつけていきます。活動当初は仕事の規模も小さく、時間も短くてすむ無理のない場面からできることを膨らませていきます。グループ内で分担するなど、個人に負荷がかからない形でレベルが上がっていくといいでしょう。

とはいえ、これからの社会状況を考えると、リーダー的な資質は誰もが備えておきたいものです。リーダーが育ちにくい場合でも、小グループでの活動やレクリエーション時の活動で司会や意見をまとめるなど、リーダー的な仕事を処理していく場面を多く経験しながら、いざというときはリーダーの仕事がこなせる身体能力を子どもたちに身につけさせましょう。

（藤原光雄）

ビジョンを共有する習慣

集団をチームに育てていくために、いろいろな方向から目的・目標を共有していきます。

①視覚による共有：見える化

クラス一丸となって進めたい目標があれば、視覚的に共有します。視覚的という意味は、常に意識できるように目に入ってくるような共有ということです。教室にクラス目標を掲示する場合もあると思います。ただ、人間は慣れを伴うもので、常に何らかの更新がなされなければすぐ周囲の光景と同化し、埋もれてしまいます。

「期間限定」や「達成できれば即撤去」という〈縛り〉を設けて、掲示物を新鮮かつ効果的に活用したいものです（習慣化は一週間。見慣れるのも一週間！）。

②言葉による共有：聞こえる化

クラスが目指すビジョンに向かって、必要な考え方や行動の在り方を実態に合わせて言葉にします。「ふわふわ言葉をふやそう」など抽象的な言葉、「十秒で準備しよう！」「ありがとうを十回は伝えよう！」など具体的な言葉を、場に合わせて繰り返しクラスに呼びかけます。定着してくると、子どもたちの口から同じフレーズが出始めます。効いてきている証と言えます。

③感情の共有：わかる化

自己承認欲求が強い学年や集団では、自分中心に他者と感情を共有していく安心感をつくっていきます。他者意識、メタ認知に触れていきます。「オレ、オレ、オレ！」「私、私、私！」の自己中心的な要素を含む案件が発生した機会に、クラス全員に解説していきます。「今、○○さんが、ジャンケンに負けてパニックになったよね。これは○○さんの思いがそれだけ強いってことだよね。でもみんなはルールに合わせて自分をコントロールできる力をもうもっているよね。どうしてそれができるの？　どう思ったの？」

自分の「できる」を共有し、お互いの考え方や感じ方を高めクラスのレベル（階層）を積み重ねていきます。タワーマンションならぬ「タワークラス」を積み上げていきます。

（藤原光雄）

一歩前に出る習慣

教師の習慣と同時に、子どもたちの習慣もつくっていきます。習慣になれば意識せずとも体が動いていくからです。習慣をつくるための事例を紹介します。

①先読みさせる習慣

「次は何を言うと思いますか？」

この次にどうなるかを意識する習慣をつけます。経験を活かして、次の場面を予測させると同時に、予想して行動する習慣です。

②行動を読み取る習慣

「何をしたかったと思う？」

行動には目的があります。Aさんがトラブルを起こしてしまったとき、何かの目的があったはずです。それを理解し、次のトラブルに備える習慣です（必要であれば、教師の解説を加えます）。

③まず行動する習慣

「めんどくさい……」を言わない習慣と言ってもいいかもしれません。「まず挙手する習慣」はいきすぎかもしれませんが、とにかくすぐ行動する習慣を身につけることができればと思います。作業などに対して、「めんどくさい」と脳がマイナス思考して、行動にストップをかけてしまう前に作業に取りかかることです。

「〇回書きましょう」という指示にすぐ反応して鉛筆を握る。「〇ページを開けましょう」と言えば「しょう」を言い終わるか終わらないかのうちに、身体が反応する。「『～しよう』と言い終わったタイミングですぐしよう！」と、言葉に対する反応速度を高めれば、いろいろな場面での時短に影響していきます。そして「最近、めんどくさいって言わなくなったよね？」と習慣達成を共有します。

その他、クラスの実態に合わせ、

●仕事探しの習慣：「次、何をすればいい？」自分から仕事を探す、見つける、つくる。

●ショートカットの習慣：「何秒でできると思う？」秒単位で行動の効率化を図る。

などつくってみてください。

（藤原光雄）

いい「あたりまえ」でつなぐ習慣

「いい『あたりまえ』を増やすのが、学級経営です」

森川先生の講座で私の心に刺さった言葉です。本当にその通りだと思います。自分のクラスで意識して習慣化しようとしていることを紹介します。

①困っている子を助けるのは「あたりまえ」

目に見える助け合いは、大々的に褒めますし、学級通信にも載せて価値づけます。

高学年になると人間関係が複雑になり、目に見えない微妙な問題もたくさん出てきます。教師に言うと「チクった」と逆に無視されそうだ……と、気になることがあっても言えない場合も出てきます。ですから、「見て見ぬふりだけはするな」と、日常の語りで、学級通信で、道徳で語り続けます。日記を活用することもあります。「今回は誰にも見せません。あなたと先生だけが読むからね」と約束して、クラスの気になる面があれば書いて、と言います。そこに書いた子がいれば、書いてくれた子に感謝し、名前は出さないからね、と念押しして、指導にあたります（解決した後で、書いてくれた子に報告し、「あなたのおかげです」と感謝することも大切です）。

②そろえるのは「あたりまえ」

物がそろうと心もそろう。
心がそろうと物もそろう。

例えば、プリントやテストはそろえて出します。発育測定などは、上靴を並べます。必ず人の分までそっと並べてくれる子がいますので、逃さず褒めます。「クラスのために行動してくれた人がいます」と。そしてそろっている上靴を見せて褒めます。「そろうと美しい！」「あなたたちの心がそろってきた！」。そのうち人の分もそろえる子が続出します。四月から「そろうと美しい」を継続して言い続けます。

そろうと美しい

六年生と運動会で徒手体操をしたときには、「そろえる」＝「みんなが主役」を図解して見せながら語りました。「AとB、どちらがそろっている？　お客さんが見て、『きれいだな！』と感動するのはどっち？」「B」「ですよね。誰か一人が頑張って、誰かが手をぬいたらそろわない。みんなが主役。みんなが全力で頑張るからそろうのです。そろうと美しいです！　お客さんを感動させよう！」と。そして学級通信で毎回練習風景の写真を載せて、「そろってきた！」と褒め続けます。

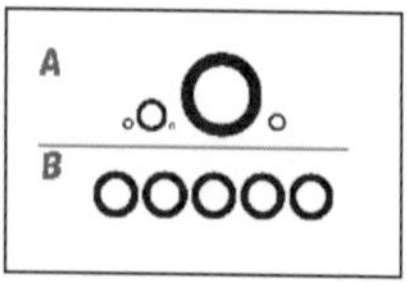

③「あたりまえ」を普通にする

四月に、「あたりまえのこと」を出させます。朝来たら挨拶をする。靴をそろえる。右側通行をする。健康観察表を出す。宿題を出す。登校してからの五分だけでも、かなりの「あたりまえ」があります。しかし、五月、六月……と慣れていくごとに、だんだん靴がそろわなくなったり、時間が守れなかったりして、「あたりまえ」が緩んでいきます。そこで「あたりまえのことを普通にする人になろう」と言い続けます。「特別なことじゃなく、日常の毎日があなたをつくる。学年をつくるのです」。運動会や音楽会などの行事の後は、どうしても気が抜けて全体的にフワフワした状態になります。そんなときこそ、問いかけます。「あたりまえのことを普通にしていますか」と。

④「あたりまえ」だけど「ありがとう！」

「あたりまえ」が実はめったにない、有難いことだと気づくことができたら、感謝の気持ちでいっぱいになり、幸せな気持ちになれます。たとえば、新型コロナウイルスの感染予防のために学校閉鎖を経験した子どもたち。登校後、ある子が「毎日登校することはあたりまえだったのに、実は幸せなことだったのだと気づいた」と日記に書いたのですぐに紹介しました。今ある「あたりまえ」を喜び、感謝する心が育ってほしいと願い、日々あたりまえのことでも「ありがとう」をたくさん言うようにしています。

係の仕事でプリントを配っている子に「ありがとう」、健康観察をした子に「ありがとう」、落ちていた消しゴムを拾ってくれた子に「ありがとう」、一日の中で私の言葉の中に「ありがとう」を言う頻度はかなり多いと思います。

子どもにも、ありがとう、を言うように促します。ある日の放課後、誰も見ていないところで、皆の机を並べて帰ってくれた子がいました。次の日それを伝えて全員で「ありがとう！」と言いました。お礼を言われた子は、笑顔になりました。

感謝上手は幸せ上手。周りは感謝でいっぱいです。お互い「ありがとう」と言い合える仲間づくりを目指して、今日もありがとうの宝物を見つけて歩く日々です。（千原まゆみ）

対話できるクラスにする習慣

朝の会の中で、多くのクラスで行われているであろう、健康観察。そんな日常の一コマに、〈躍動するクラスにするための布石〉を打ちます。健康観察係が考えた様々なテーマに沿って、毎日、「はい。元気です。うすしお味です」などと次々に答えていきます。時に、「ドラえもんの道具で一番ほしいもの」「ポテトは、サクサク派かしなしな派か」なんてお題も現れます。どんなお題が出ても、〈とにかく答える〉のがお約束です。

「え～どっちも好き」「決められへん」、それでも、自分の番は回ってきます。その、困っているときこそ、〈布石〉を打つチャンスです。「強いて言えば」「どちらかと言うと……」「〇〇なら知っています」など、ナチュラルな対話に向けて使わせたい言葉を、健康観察で与えていくのです。どうしても思いつかない場合なら、「後で言います」と言って、友だちの答えを聞きながら、共感できる意見を探し、後で言えばいいのです。

授業中、話し合いの場面で友達に突然指名されて、考えがまとまっていない。そんなときに「（まだ考えがまとまってないから）後で言います」と言える、そんなクラスをつくりたいと思っています。

今まで一番印象深かったのは、「好きなアンパンマンのキャラ」というお題でした。チーズ・しょくぱんまん・メロンパンナちゃんなど、当たり障りのない答えで健康観察が進んでいきました。しかし、途中に「誰も言っていないことが言いたい。いつも目立ちたい」あの子がいるのです。

「てんどんまんです」「あ〜」「知ってる！」そこから、「〈レア〉を出せるか！」に意識が向き始めます。健康観察の熱量が上がった瞬間です。

レアな意見は、授業を盛り上げ、話し合いを活性化させます。「レアな意見もいいんだ」がクラスの当たり前になっていきます。発言に消極的な子にとっても、「何を言ってもみんなが受け止めてくれるから、自分の意見を伝えてみようかな」につながります。

健康観察という日常に、考えを話す場面をつくり、困ったときの答え方を使う機会を与え、意見を受け止めるクラスの雰囲気もつくっていく。「聞きたい！」と思う時間も、確保されるのです。それが、〈躍動するクラスにするための布石〉となります。

毎朝の健康観察は、私にとって、クラスを〈楽しく高める〉大切なアイテムの一つになっています。

（鷹野智香）

クラスをほぐすユーモアの習慣

重い空気や緊張感から楽しい空気への転換ができる。それが、ユーモア写真です。私の教室では、子どもたちを写真に撮るということは大きな意味をもっています。

先生が〈面白く料理してくれる〉とわかっているので、子どもたちが写真に群がります。もちろん、それだけではなく、子どもたちの様々な様子も写真に撮り、タイミングを見計らってテレビに映します。面白い写真が撮れたときにすぐに見せるだけでなく、気持ちを切りかえたいときや緊張を和らげたいときにも見せることができます。

見せるときも、ただ見せるのではなく、

「ジャー　ジャッ　ジャッ　ジャッ　ジャーン！」と効果音に合わせて下から登場させる。

「大発見です！」と目をつぶっている子を探しながら見せる。

「猛獣使いかっ！」と面白いことをしている子につっこみながら見せる。

その他、連写したものを高速で見せるなど、様々な見せ方を駆使していきます。

あるとき撮った写真に、マスクから前歯が出ている子が写っていました。その子は、学級で笑いを提供してくれる子だったので、これを使わない手はありません。前歯を、どアップにして見せるとクラスは大爆笑に包まれました。その後、ことあるごとに「あの写真見せて！」とせがまれることになったことは、言うまでもありません。

同じ考え方は、授業の中でも有効です。授業のねらいを楽しく学び記憶に残すユーモアを心がけます。

一年生の算数「繰り上がりのある足し算」を学習中、10をつくってから計算する方法がなかなか定着しませんでした。そこで、「算数劇にしてみたらどうだろう」と、即興で劇化することを思いつきました。それがどんぴしゃり。見本を見せると、普段から劇化や動作化に慣れている子どもたちは、目を輝かせます。7役の子が、

「あこがれの10になりたいなぁ。あっ、向こうに5さんがいるぞ！　5さん、ぼくに3くれないかい」

「え〜どうしようかなぁ。これからも仲良くしてくれる?」うなずく7役。

「わかった！　じゃああげるよ！」

そう言って、二人は肩を組みながら仲良く帰っていきました。見ている子たちもげらげら笑って劇を楽しんでいました。劇化することで集中力が増します。何より楽しみながらねらいを身につけることができるのです。

（茨木泉）

ゆさぶり続ける習慣

学びの瞬間はふいに現れます。学びのライブ発信のタイミングを常に探ります。思いがけない一人のささやきを、増幅して学級全体に一気に広めたいものです。特ダネを待つレポーターのように、常に「ライブ放送」できるようにスタンバイする感じです。

「ちょっとみんな聞いてください。今、黒板に書いてあること以外のことをノートに書いていていいですか、という質問がありました。どう思いますか？」

といった場面から、ノートとは何か？　ノートを書く目的とは何か？　どんなノートがいいのか？――を考え、意識を高めていきます。

掃除の時間では、「掃除時間内に終わらせる目標にするためには、どうすればいいかな？」「時間内に学校をより美しくするには、どうすればいいかな？」と考える時間をとり、出てきた発言や、参考事例を具体的に共有します。自分で目標に照らし合わせて行動をつくっていく行動システムを育てていきます。

さらに、「『誰もしていないところを掃除してみれば？』と言うと、○○さんは、『私もそう思っていました！』と言いました。自分で考えて答えをもちながら、さらによい考えを求めてきたのですね！」と自分で考えるレベルを超えた行動にスポットライトをあててみたりもします。積み上げていくための〈ゆさぶり〉です。

ゆさぶったことでできるようになった場面を発見したときも、

「みんなすごいね。前できていなかった○○が今できているよ！　すごい成長だよね！」

と、全体に、成長した集団の状態をアナウンスし、共有していきます。

学びの場面においても、「よい事例＝増やしたい事例」はその場で共有することにより、一気に増やすことができます。一つの奇跡的なことの「よさ・価値」を共有して、「普遍化・一般化」していくことで、より高レベルな学級システム（学級の流れ）ができあがっていきます。どんなタイミングでも、逃さずにクラスをゆさぶれるように、スイッチに指をかけた状態にしつつ、「できている」ことをモニターで見続けている、という感覚です。

ゆさぶりで、後戻りせずにのぼり続ける流れをゆるぎないものにしていきます。

（藤原光雄）

席替えの習慣

子どもたちにとって関心の高い一大イベント「席替え」。そのやり方には、いろいろな方法があると思います。くじびき・話し合って決める・お見合い……など、様々にやってみてたどり着いたのが「教師が決める」です（私のクラスでは「グループ替え」と呼んでいます）。

◆目的　学力と人間関係を育てるため

仲のよいクラスは、安心して発言でき、安心して隣やグループの子にわからないことを聞けます。一緒に学び合おうとするから学力も意欲も上がります。学力と人間関係は表裏一体です。人間関係を考慮しつつ、学力をつけるためには、班員の構成は重要です。したがって、席は必ず教師が決めています。

◆四月に子どもに宣言する

四月当初は出席順で並んでいることが多いですよね。そのとき早めに、「〇年〇組は、グループ替えをしますが、先生が決めます」と宣言します。「精一杯あなたたちのことを考えて決めるからね」と、理由も丁寧に語ります。

◆グループ替えの時期

月一回、月初めがいいです。新しい月に心機一転。校外学習や調理実習がある月は、それを見越してあえて時期をずらすようなこともあります。

◆座席の決め方

座席の配置

①身体的な配慮は必須：視力、聴力、背の高さ（背の高い子の後ろが低い子にならないようにする・車イスの子は出入りしやすい廊下側など）。
②個人の特性に応じる：集団が苦手な子はすぐ外に出て休憩できる廊下側・周りの動きに過敏な子は、視界に人が入らない最前列・教師の支援が必要な子は最前列・気になる子は教師のそばに・姿勢の悪い子はさらに悪くなるので最後尾にしない。
③前・中・後ろ、に一年間を通してまんべんなく全員が座れるようにする。

グループのメンバーの決め方

男	女
女	男

お隣はペアと呼び、男女にします。グループは男子二名女子二名計四人で、学習も掃除も一緒にします（上図参照）（学級の人数の関係で、四人と三人があります）。学習で三人が望ましいときなどは臨機応変に変えます。

私はグループ学習より、ペア学習を多用しますので、ペアは特によくよく考えつくります。一年間の一覧表をつくり、誰と誰がペアになったかを書き込み、なるべく違う子とペアになって、関われるようにします。

グループは、話し合いがスムーズにできるよう、積極的に話を進められる子を一人は入れるようにします。配慮が必要な子は、グループに一人にして、三人で支えられるようにします。また、校外学習や、調理実習などがある月は、その活動がスムーズにできるメンバー構成を考えます。

◆グループ替えのルール

「絶対に文句を言わない。顔にも口にも出さない」をルールにします。普段から子どもの人間関係をよく把握しておくことが大事です。

◆一大イベントとして楽しく！～仲間づくりに活かす～

月初めにグループ替えをしたとき

・よろしくトーク：三分間おしゃべりをします。
・グループ遊び：グループで決めた遊びをします（トランプやジャンケンゲームなど）。
・グループ対抗ゲーム：かんたんなゲームをグループ対抗で競います。
・月の中頃は、グループのメンバーのいいところ見つけをさせて日記に書き、紹介します。

月終わりにグループとお別れするとき

・目を見て、「ありがとう」お礼を言います。
・サンキューカード：小さいメモ用紙にメンバー全員にステキなところや感謝したいことなどを書いて渡します。連絡帳に貼って大事にしています。

どんどん仲が深まっていくことを願って、毎月時間をかけて必死に考えています。

（千原まゆみ）

行事を楽しくするユーモアの習慣

「ダンスマンの登場だー！」

運動会のダンス指導では、設定をとことん楽しみます。歌舞伎のようなお面をつけ、手袋をはめ、赤いマントを身にまとったダンスマンが練習初日に現れました。

「今からダンスマンがみんなに踊りを教えるよ。ついてこられるかな？」

子どもたちは笑顔で、ダンスマンの話を聞いています。

「笑顔」「興味」が生まれれば、その場は大成功。

練習期間は、毎日ダンスマンからのメッセージが学年のホワイトボードに書かれています。ダンスを褒めたり励ましたりしてくれるので、

「今日は何が書いてあるかな」

と言って、子どもたちは毎日楽しみに見ていました。でも、子どもたちはダンスマン＝私（筆者）だと思っていたので、私の遊び心にさらに火がつきます。

そんなある日、学年集会をしていると、

「あ！　ダンスマンがいる！」

司会をしている私とは別に、ダンスマンが窓の外を歩いているではありませんか。子どもたちは驚きを隠せません。

「ダンスマーン！」

みんなが呼ぶと、何やら大きな荷物を抱えてこちらに来てくれます。

「今日はみんなにプレゼントがあります」

と、持っていたのはダンスマンと同じ、マントと手袋のプレゼントです。みんな大興奮。

ここで、さらにやる気の大きなスイッチが押されたのです。

いよいよ本番。緊張するみんなの前に現れたのはダンスマン。遠くの指揮台近くにいるダンスマンに、手を振ったり呼びかけたりする子どもたちの顔には満面の笑顔が戻っています。保護者も学年だよりで知る運動会の取り組みや、子どもたちから聞く話でダンスマンを知っているので、その様子を微笑ましく見守ってくれ、あたたかい時間が流れました。

運動会練習は、教師に熱が入りすぎて子どもと気持ちの距離が離れたり、練習がマンネリ化したりすることがあります。設定を工夫して演じ切ることで、子どもたちが意欲的に楽しく踊れるようにと考えて生まれたのが、ダンスマンだったのです。

（茨木泉）

学級通信でつなぐ習慣

「『ひだまり』、読みまーす」

うちのクラスの毎朝の始まりです。教師生活で、毎日欠かさずに出し続けてきた学級通信。B4判1枚。子どもたちが学校に来た日数をナンバーにするので、毎年最終号は一九五〜二〇〇号になります。

学級通信は私から子どもたちに贈るラブレター。

あなたたちのこと、大好きだよ！　応援しているよ！　あなたのここがステキ！

毎日毎日送り続けています。時には諭すこともあります。みんなにしあわせになってほしいからです。正直に私の思いを伝えます。自分の言葉で。時には詩や本、名言などを引用して。

私のクラスの合言葉は「自分も倖せみんなも倖せ」。

自分がしあわせになってほしい。でも、自分だけよかったらそれでいいという人間にはなってほしくない。みんなのしあわせも一緒につくってほしい。そんな意味をこめて『倖せ』という字を使っています。

「ひだまり」は、子どもたちがあたたかい気持ちになれるように、倖せになれるように、書いています。内容や、書き方、続けてよかったことを紹介します。

〈内容〉

・子どもの日記や振り返り・子どものエピソード、ステキな言葉、頑張り。
・授業の写真・子どもの授業ノート・漢字ノートのコピー「この美しい字はだれでしょう」。
・授業の様子・日記紹介（タイトル選手権・書き出し選手権などもします）。
・運動会ラブレター：頑張りを一人二行ずつ程度、全員載せます。
・最終号（修了式）の前日：一人二行ずつ程度、全員にメッセージを書きます。これを読むときは毎年子どもと一緒に涙、涙。でも修了式は、明るく、さっぱりと笑顔で。

〈作成の方法〉

・家で書きます。まず授業の準備を優先します。通信は最後に。授業が本道であることを忘れてはならないので、この順番だけは崩さず続けています。時間も一時間以内と決めています。語尾は子どもに向けて呼びかけるように。

〈配布の仕方〉

毎朝、朝の会の後で配布して、教師が読みます。詩や名言などは一緒に読むこともあります。内容に合わせて声のトーンや表情を変えます。

〈通信を続けてよかったこと〉

［子ども・保護者］

・「先生の『ひだまり』、大好きです！」。子どもも保護者も愛読してくださっています。

・自分が載ることを楽しみにするようになります。

・仲間のことを知り、認め、尊敬します。

・保護者が子どもと話すきっかけになります（学校の様子がよくわかる、と言われます）。

［教師］

・子どもの言動をつぶさに観察する習慣が身につきます。

・自分自身の一日を振り返ることができます。

・子どものことが大好きになります！

（千原まゆみ）

学年目標。学級目標は立てず，学年でどんなときも常にこの目標に立ち返り，達成するために大事にします。毎朝（子どもに）声を出して読ませます。

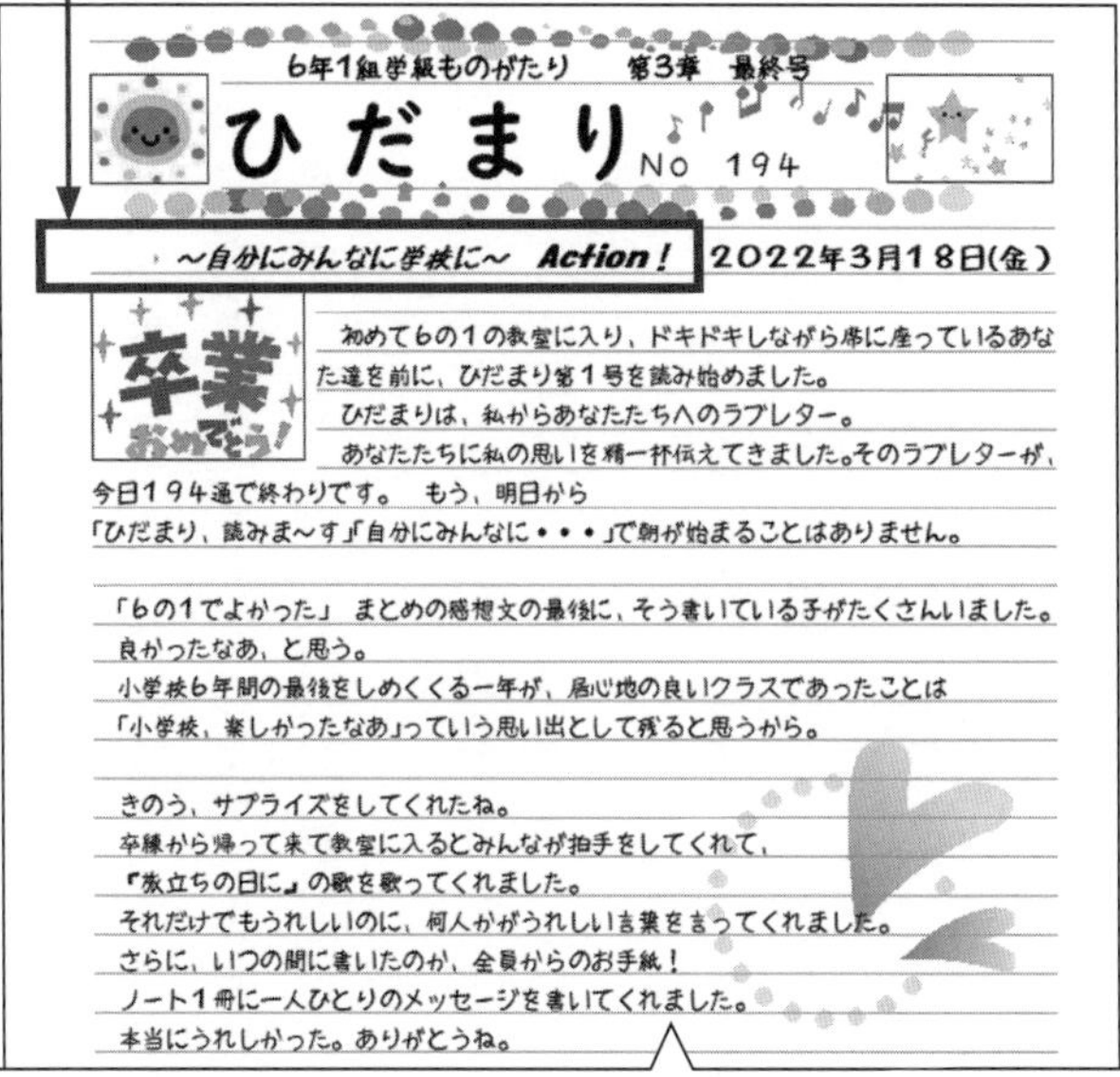

6年1組学級ものがたり　第3章　最終号

ひだまり No 194

～自分にみんなに学校に～　Action！　2022年3月18日(金)

卒業おめでとう！

初めて6の1の教室に入り，ドキドキしながら席に座っているあなた達を前に，ひだまり第1号を読み始めました。

ひだまりは，私からあなたたちへのラブレター。

あなたたちに私の思いを精一杯伝えてきました。そのラブレターが，今日194通で終わりです。　もう，明日から

「ひだまり，読みま～す」「自分にみんなに・・・」で朝が始まることはありません。

「6の1でよかった」 まとめの感想文の最後に，そう書いている子がたくさんいました。

良かったなあ，と思う。

小学校6年間の最後をしめくくる一年が，居心地の良いクラスであったことは

「小学校，楽しかったなあ」っていう思い出として残ると思うから。

きのう，サプライズをしてくれたね。

卒練から帰って来て教室に入るとみんなが拍手をしてくれて，

『旅立ちの日に』の歌を歌ってくれました。

それだけでもうれしいのに，何人かがうれしい言葉を言ってくれました。

さらに，いつの間に書いたのか，全員からのお手紙！

ノート1冊に一人ひとりのメッセージを書いてくれました。

本当にうれしかった。ありがとうね。

B４で，続きのページには，全員に思いをこめて一言メッセージを書きました。思い出しては泣き，書いては泣き，……卒業式当日は笑顔で過ごすために，ここで泣きます！

六年生最終号（卒業式の日）

行事通信で高め合う集団をつくる習慣

学級通信五〇号。それが私の一年間の最高発行部数です。毎日出したり、何百号と出したりできる先生方を、本当に尊敬します。しかし、残念ながら私にはそれは向いていません。ですが、体育大会や音楽会の「行事通信」だけは、練習の度に欠かさず、時に眠い目を擦りながら書いています。

私にとって「行事通信」とは、子どもたちの〈理想〉と〈現実〉の間を埋めるものであり、クラスや学年の気持ちを一つに高めていく大切なアイテムです。

行事の指導中、一番目につくのは、気持ちの温度差ではないでしょうか。いくら教師が熱意をもって応援し、時に檄を飛ばしても、頑張っている子がさらに頑張るだけという経験があると思います。温度差を縮めるのは、「子どもの言葉や行動」だけです。

ある年の音楽会の体育館練習初日、全く声が出ずに散々な結果でした。チャンス到来です。早速、次の時間、まずは、「どんな音楽会にしたいのか」〈理想〉を語らせました。子どもたちは、本当に素敵な存在です。「感動させたい」「さすが最高学年だと言われたい」、次々に理想を語り始めます。ここから、教師は、「みんなの理想はわかった。だけど、今、何に困っているの」と〈現実〉を語らせます。「間違えるのが怖い」「目立つと恥ずかしいな」「声変わりで……」。

するとAさんが、「私、音痴代表なんですけど、誰も本当のことは知らないから……。みんなで楽しもう」と言い出しました。「音痴代表」、この衝撃的なワードがクラスの子どもたちに刺さりました。

次の練習の日、子どもたちの声が変わったのです。音楽の先生に褒められた子どもたちを見て、私はガッツポーズ！　この日から、「音痴代表」がクラスの合言葉になりました。子どもの心に届くのは、やはり子どもの言葉なのです。「たった一日でこんなに変わるなんてすごい。今日からみんなの、成長の足跡を残していこう」と「振り返り用紙」を配りました。

振り返りがスタートすれば、そこからは毎日、毎日、振り返りを読んで、コメントをして、子どもの言葉を載せた行事通信を作成し、朝の会で読む。その行事通信で、「困ってるのは、自分だけじゃなかったんだ」と安心させる。「あの子がこんなこと考えているなら、自分も頑張れそうだ」と思わせる。

熱中 ねっちゅうMini

2021年9月28日
6年2組クラスだより
Mini②
文責　鷹野智香

失敗なくして、成長なし

「失敗なくして、成長なし」とは、「失敗や間違いをしないと、成長することもない」という意味の言葉です。今は、リレーで言うとまだバトンパスゾーンくらいの場所です。まだ、第１コーナーも曲がっていません。だから、今は間違えれば間違うほど、自分の苦手が見え、それが個人の成長につながります。

「銀河鉄道は、ドファファラララからがよくわからない」（　　）
「ほらねは、最後のアルトの音程があやふや」（　　）
「今日、２番に入って「くもと」や「かなしい夜があったら」とかが難しい。」（　　）
「いつも必ず、最後の「ともだちだから」のところが、のどがガスガスになる。」（　　）
「最後の方に１つ高くなったのがあって、「えっ・・・」ってなった。」
「高い声？知らねえ！出すだけだ！！」（　　）
「鍵盤の音を上げるときは、鍵盤を上に上げたり、いろいろ工夫しました。」（　　）

この４人のように、具体的に失敗しやすいところや間違いに気づけたら、それはもう、成長への第１歩！！チャレンジ精神が自分を大きく成長へと導いてくれます。[　　　]さんは「苦手をさらけ出して教わる歌」とタイトルをつけていました。今は、間違ってナ・ン・ボです！！やってみてナ・ン・ボです。今日はLastクラス練習です。

振り返りに書かれた子どもの言葉を載せた行事通信によっていつしか、〈理想〉と〈現実〉の差が縮まり、仲間の心の距離も近づく。子どもたちの力を信じて、教師はただ、練習の度に日々通信を出し続けるのです。互いに高め合う集団に成長することを夢見て。

（鷹野智香）

「わからない」でつなぐ習慣

「わからない」が言えるクラスに

わからないことをみんなであれやこれやと言い合って、みんなで納得するものを見つけていく。何でも言える、聞いてもらえるような安心して学べるクラス。教師なら誰もが理想とするクラスだと思います。私も同じです。

ただ、現実はそう甘くないものです。

高学年を担任することが多いのですが、高学年は思春期真っ只中。「わからない」なんて恥ずかしくて言えない。周りの目が気になる。そのままにしておくと、わかる子やできる子ばかりが発言して授業が進んでしまうことになります。

それを打破する特効薬はないですが、わからない、が言えるクラスづくりを地道にコツコツと続けていくことで、少しでも子どもたちの安心感につながるクラスづくりはできると思います。

私の授業を見に来てくださる先生方から、「〜がわからないって、素直に言えていましたね。それを周りの子が丁寧に説明していたことに感動しました」「先生のクラスの子どもは、仲間の意見をすごくよく聞きますね。クラスがあたたかいです」などと言っていただくことが多いです。子どもを褒めてくださることが一番うれしいです。

　卒業したAさんがいた六年一組の軌跡をたどりながら、「わからない」と言えるクラスづくりへの手立てを整理してみました。

Aさんの卒業文集までの道のり

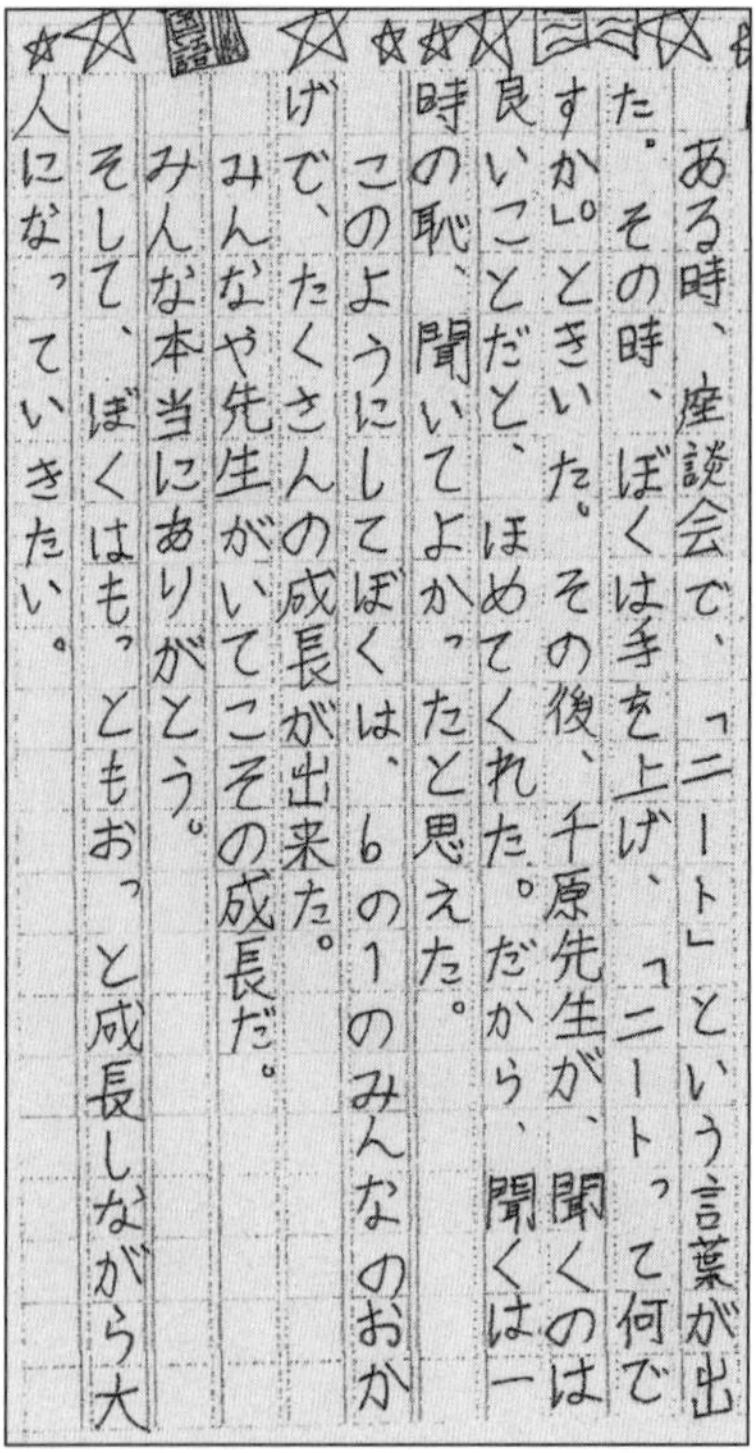
ある時、座談会で、「ニート」という言葉が出た。その時、ぼくは手を上げ、「ニートって何ですか」ときいた。その後、千原先生が、聞くのは良いことだと、ほめてくれた。だから、聞くは一時の恥、聞いてよかったと思えた。

このようにしてぼくは、6の1のみんなのおかげで、たくさんの成長が出来た。

みんなや先生がいてこその成長だ。

みんな本当にありがとう。

そして、ぼくはもっともおっと成長しながら大人になっていきたい。


　以前担任した六年のAさんが、卒業文集に書いた文章です。

　四月には話すことが苦手と語っていたAさんでしたが、「ぼくのクラスはどんな意見も聞いてくれる。わからなくてもバカにされたりしない。だから安心して勉強できた」と語って卒業していきました。

「わからない」以前に、発言することに「慣れる」習慣をつける

四月から毎朝「声出し」、毎朝全員輪になって一人一言ずつ発言します。はじめは挨拶から。好きな食べ物、色、遊び……毎朝続けます。声を出すことに慣れる。声を聞くことに慣れる。

みんなの前で発言するためには、「慣れ」と「技」が要ります。慣れていきながら少しずつ技も練習することを毎朝毎朝続けます。時々「○さんは何て言った？」「一番多かったのは何？」などとクイズを出したりしながら笑顔で楽しくすることが秘訣です。

Aさんは、たどたどしくも元気な声で言えるようになりました。

「わからないと言った子こそ主人公」にする

教師がこうなってほしいという理想を語ることは大事です。同時に、私は子どもの事実を大事にします。

グループ学習で「これ、わからへん」と隣の子に聞く。すると隣の子が「どれ？　あ、

これは……」と言って説明をする。この瞬間を褒めます。大いに褒めます。最大限褒めちぎります。「わからないことを聞くのは勇気が要る。でも勇気を出して聞いたことでわかることができた。あなたは一歩成長した。素晴らしいっ！」と。

その日、終わりの会で日番が「今日のハッピートーク」でこのことを取り上げて「○○さんはわからないことを聞いていた。とても勇気ある行動が素晴らしいと思いました」と語ってくれました。またまた褒めちぎります。「仲間の頑張りを認めてくれたことが素晴らしいっ！」と。

大事なのは、わからない子が自ら聞いたという点です。わからない子が主人公だという点です。わかる子・できる子がわからない子に教えることもありますが、こればかりでは固定化してしまいます。

そうではなく、誰もが「わからない」から勉強しているのだ。みんなわからないことはたくさんある。みんな同じ。だからこそわからないときは聞いていい、聞いてわかったらうれしいよね。そう語り続けます。そして褒め続けます。

Aさんは「わからないことを褒めてもらえることがうれしい」と日記に書いていました。

「わからない」を認めるメンタルづくり

一学期は、全員発表で発言することを鍛えます。そのためには、発問が重要になります。必ず四五分に一回は全員の手が挙がる瞬間をつくるため、発問を工夫します。「どっち？」「この中のどれ？」と選択制にすると、全員が挙手できますし、手を挙げるだけでいいので、参加しやすいです。「わからないなあという人、手を挙げてみて」と、わからない人に手を挙げてもらうこともします。ここで正直に手を挙げたことを褒めます。

「パス」ありとして、わからないときはパス、と言わせます。最後に自分でこの中からぴったりだなと思うものを選んで書いてねと言うと、パスした子も全員が書けます。発言した人の意見が全部救われ、発表してよかった、となります。

二学期に国語で座談会をしているとき、ある子が「ニートが増えるから……」と発言したとき、Aさんの頭にハテナが浮かんだような表情をしていたので、「Aさん、聞きたいことがあるんじゃない？」とたずねると、「うん、ニートってどういう意味かわからん」。すかさず「同じようにわからんなあって思った人いる？」と問うと、何人かがうんうんとうなずきました。そこで「Aさん、意味を聞いてごらんよ」。

Aさんに問わせると、発言した子が説明をしてくれました。新しい言葉を教えてくれた子と、意味を聞いてくれたおかげでみんながよくわかったからAさんナイス、と両方を褒めることができました。

そのことがうれしくて、ずっと心に残っていたのだと思います。Aさんは、卒業文集にそのときのことを書いたのです。

話すことが苦手、と言っていたAさんは、卒業式、体育館に響き渡るほど大きな声で巣立ちの言葉を堂々と語り、笑顔で卒業していきました。

はじめに「特効薬はなく、地道にコツコツ続けること」と書きました。

今年も新しいクラス、子どもたちと毎日コツコツ、の日々を送っています。

Aさんのように「わからない」が言えるように。「わからない」を大事に受け止め、「わからない」に寄り添って一緒に考えられるクラスになるように。


（千原まゆみ）

任せる習慣

六年間の総まとめ。最後の授業と言えば、「卒業式」です。その卒業式を、「させられている」受け身ではなく、「自分たちで」積極的につくり上げてほしい。自分たちがつくり上げた卒業式で、晴れ晴れとした気持ちで巣立ってほしいと願っています。

そのために、一学期・二学期にある行事を活かし、みんなで一つのことに向かって全力を出したり、協力し合ったりする経験を積みながら、まとまりのあるクラスにしていくことは大前提です。また、自治的なクラスになるための布石として、実行委員による取り組みも継続して行います。子どもたちに「任せる」ことが肝です。

三月を意識して、四月から「なる！」「考えさせる！」「任せる！」というステップを行事ごとにたどりながら、継続した取り組みをしていきます。

実行委員に「なる！」

四月に一年間に行われる行事を全部示し、どんな実行委員があるのかを示します。希望制ですが、オーディションをするものもあります。コロナ前は、全員が一回は実行委員を経験できるように計画し、行事に加えて学年行事（学年スポーツ大会など）も行いました。

大事なのは参画意識のもたせ方です。たとえば児童会役員は立候補制ですが、立候補しなかった子への声かけが大事です。立候補しなかった理由は様々にあると思うけれど、自分は代わりに何をするのか、具体的に何をして頑張るのか、どのように役員を支えるのかを書かせます。役員になってもならなくても全員が参画していくのだという意識を育てます。

実行委員に「考えさせる！」

まずは集合、整列をたのみます。当然はじめはうまくいきません。一つずつアドバイスはしますが、とにかくできるまで待ちます。教師がすると数秒でできることであっても、とにかく根気よくできるのを待ちます。どうすればうまくいくのかを考えさせます。

そうすると、終わりの会で「集合するときに……してください」などと周りに声をかけるようになり、周りをうまく巻き込むようになります。

そうして、できたときを大いに褒めます。まず実行委員を褒めます。「あなたたちのおかげだよ」。次にみんなも褒めます。「みんなが意識して素早く集合した。協力できるクラスだね」と。

そうやって、ちょっとずつ、ちょっとずつを繰り返しながら、実行委員を中心に動くクラスをつくっていきます。

実行委員に「任せる！」

こうして実行委員を中心に行事を回していくと、三学期には任せられるようになります。
担任した六年生のクラスでのやり取りです。
C：先生、スローガンをつくっていいですか。
T：いいねえ。任せます。
C：立つ・座るの動画をつくったので、みんなに見せて練習する時間をください。
T：いいねえ、任せます。
C：巣立ちの言葉のタイミングが合わない人がいたので、練習します。
休み時間に個人的に声をかけて練習につき合っていました。
体育館練習が始まると、実行委員が前に来て、クラスの立ち姿・声量・歌をチェックし、教室で振り返りをしていました。

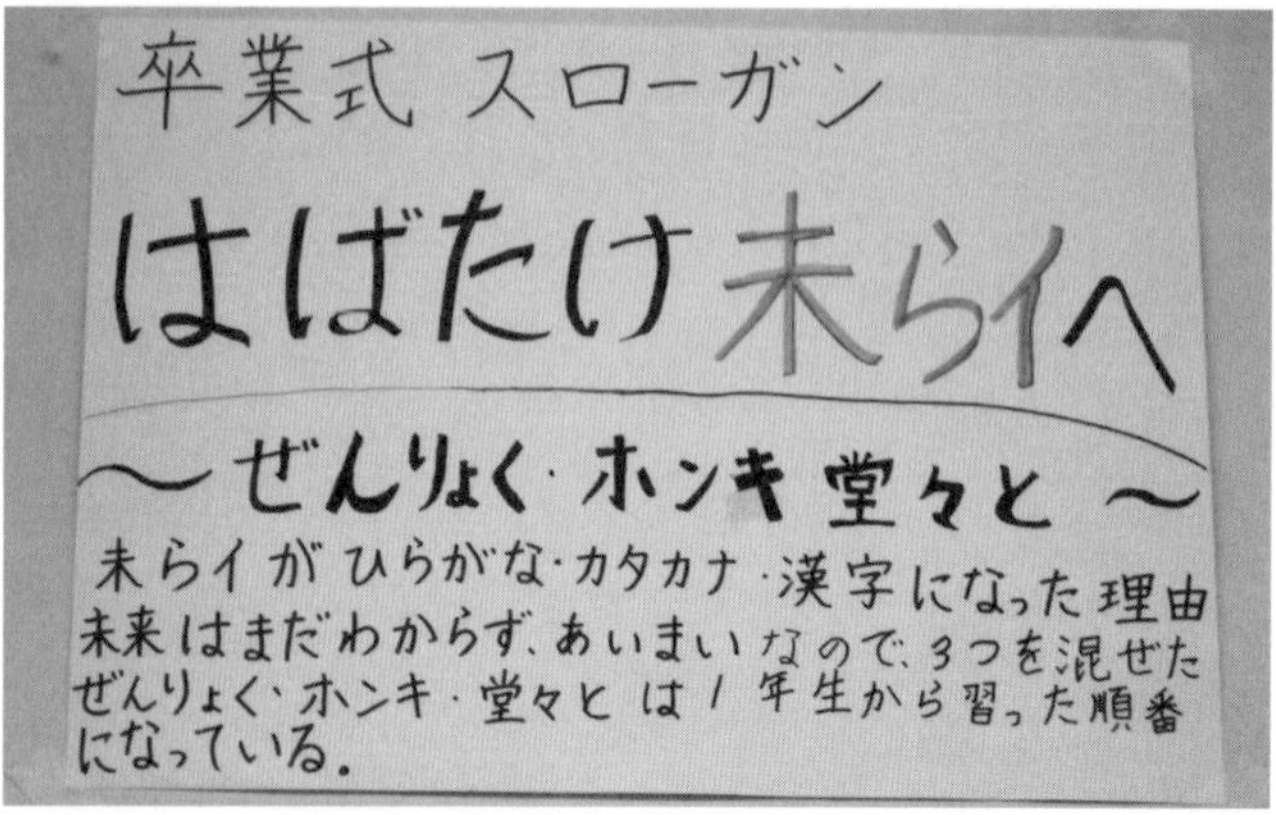
卒業式スローガン
はばたけ未らイへ
〜ぜんりょく・ホンキ堂々と〜
未らイがひらがな・カタカナ・漢字になった理由
未来はまだわからず、あいまいなので、3つを混ぜた
ぜんりょく・ホンキ・堂々とは1年生から習った順番
になっている。

実行委員たちが言葉や意味をこだわってつくったスローガン。学年掲示板に掲示するだけでなく，練習の際に何度も「全力・本気・堂々とやりましょう！」とスローガンを活用していました。体育館練習が始まる日からは，体育館に掲示しました。

実行委員が放課後残って話し合いをしたり、立つ・座るタイミングを説明するための動画を作成したりして頑張る姿は、周りの子たちの士気を高めました。学級通信でもその都度価値づけし、褒め続けました。

そうして迎えた卒業式。全員がかっこい い、晴れ晴れとした姿で巣立っていきました。

「任せる」ことは、時間もかかるし、もどかしいこともありますが、「なる！」「考えさせる！」「任せる！」ステップを踏ませることで、自分たちでつくり上げたのだという自信をもって卒業できたのではないかなと思っています。

（千原まゆみ）

学級崩壊を防ぐ①
環境を整える習慣

学級崩壊を阻止するためにも、可能な限り大小のトラブルを未然に防ぎたいものです。ハインリッヒの法則では、一件の重大事故の裏に、二九件の軽傷事故、三百件の無傷事故（ヒヤリハット）があると言われています。小さなヒヤリハットを回避することで、大きな事故を防ぐことができるのではと思います。この法則から、日々ヒヤリハットをなくしていく工夫をし、崩壊させない学習環境を意識して整えたいと思います。

「先生、ノート忘れました／ノートの紙なくなりました…」

たとえば、ノート忘れ対策です。算数のノート、国語のノート、それぞれ授業で使用している規格と同様のノート向けプリントをどっさり用意しておきます。「ノート忘れました」と正直に伝えに来た子にはすぐ「今後、忘れ物をしないためには？　この用紙を使い、ノートに貼っておきましょう」といった、忘れ↓申告・反省↓措置↓着地点を見すえてプリントを提供します。私はB5ノートにストレスなく貼れるように周囲を裁断した用紙や、

Ａ４サイズを横向きでノートの見開きに貼る形式のものを用意しています。提出を前提とする場合は、記名欄も設けておきます。ノート代わりの白紙やノートの印刷ではなく、自分が想定するゴールに沿ったモノを提供し、お互いの労力を浪費しないグッズで学習環境を固めていきます。同類のヒヤリハットの発生を未然に防ぐことができます。

その他の忘れ物として、鉛筆・赤鉛筆、消しゴム、はさみ、のり、マーカーなども考えられます。また、ちょっとした小道具（セロテープ、ステープラー、スタンプ台、画用紙、色紙など）もそろえておくと、学習活動の幅が増えます（この辺りの学級経営グッズはひとまとめにしておくと、年度変わりや転勤のときにも便利です）。

子どもが授業以前の問題で集中できなくなる状況を想定し、いかに対処するかを準備しておきます。そして、子ども間の物の貸し借りによる上位レベルのトラブルも未然に防いでいきます。

クラス崩壊を遠ざける、ささいな環境整備。学びに専念できる状態の積み重ねが、ヒヤリハットを防ぐ何気に見えない防波堤となっています。

（藤原光雄）

学級崩壊を防ぐ②
システムを整える習慣

学級の活動がスタートすると、ルールやシステムを決め、スムーズな生活の流れを整える必要が生じます。日直の仕事、朝の会、係の仕事、給食の準備手順、掃除の進め方などです。学級のシステムを全体で共有していくと、ストレスなくスッキリした日常をつくることができます。仕事の淀みない進行で、トラブル発生を事前に防ぐことができます。

「先生、次は何をすればいいですか？」

この問いにその都度答えていると、応用が効かないまま言われたことだけをして日常を過ごすことになります。異なった場面ごとのリストをいくつも示さなくてはならないことになってしまいます。

システムが定着すれば、このような問いがなくなります。具体的なシステムの項目を箇条書きやナンバリングをして提示すると、順番に作業を進めていくことができます。明文化・可視化することで、自分の動きを自主的に進めることができます。

その際に、最終的なゴール（目的）と合わせて行動項目を理解していないと作業をこなすことだけがゴールとなり、本質的な最終ゴールに届かない〈残念な事態〉になります。「目的のために、今～する」となってしまいます。給食準備を早くするために（時間節約のためになど）、当番以外は席で静かに過ごし、作業を妨げない、など、目的に合わせた行動理解が大切です。そうすれば、書かれていないことも自分で考えて行動することができる子どもが育っていきます。

書かれている自分の仕事が終わったとき、真の目的を確認し、自分がするべき仕事を見つけることができるレベルまでをシステムに組み込みたいものです。

「仕事が終わったら、一番するべき仕事をつくって行動しよう」

こういったフレーズを組み込むことで、真にシステムが完成していきます。学級が始動した当初は、仕事のつくり方も解説します。質問があった場合、全体の動きをストップさせて、質問と答えの例を共有していきます。具体例を多く学び、具体例の再試行だけでも活動が流れるように経験値を増やしていきます。

（藤原光雄）

学級崩壊を防ぐ③
即応する習慣

クラスのトラブルは迅速にスッキリと解決したいものです。解決が後送りになると、学級経営が様々な外圧を受けることになります。例えば子ども間でトラブルが発生したとき、すぐに対応を進め、子どもが帰るまでに保護者に報告できるかがポイントになります。

即応とは「当日子どもが下校までにスッキリ解決」です。

即応ができない場合、①トラブルで被害を受けた子は、モヤモヤとした心理状況のまま帰宅することになります。②そしてそのモヤモヤした気持ちを保護者に訴えることになります。③子どもの話を聞きとった保護者から、担任に問い合わせが入ります（この状況は、すでに後手にまわってしまっています）。④納得がいかないと、担任をとびこし学校や教育委員会に問い合わせることになります。状況によっては担任が対応に苦慮する事態になり、⑤担任や学校に対する信頼関係が失われ、事態は負のスパイラルに陥ります。⑥長期化すると、担任がどんどん疲弊し、休職に至ってしまうこともよくあります。

トラブル解消の習慣を三段階に分けて見ていきます。

①現状把握と傾聴

まず状況を聴き取ります。何が原因で何が起こったのかを保護者や第三者に説明できるように事実を整理します。同時に子どもに寄り添い、感情をしっかり受けとめます。

②未来の把握と感情の共有

被害・加害の立場を整理し、どうしたいのかをつくっていきます（各自が関係を続けたいのか、距離をとりたいのか、相手にどうしてほしいのか、何を伝えたいのか）。もつれた双方の感情の方向を未来に向けます。お互いの「ごめんなさい」をゴールにせず、この先、再発がないことをゴールに、丁寧に子どもの感情を昇華させます（場合により「こう言われたらたらどうする？」と、セリフのリハーサルもします）。

③報告と経過観察

最後にお互いに、今後の関わり方や伝えたいことを共有し、感情の確認を見守ります。

ここまでを子どもの感情を最優先で素早く対応します。

（藤原光雄）

学級崩壊を防ぐ④ 引き継ぐ習慣

教師経験を重ねていくうちに、年度途中でクラスを引き継ぐ担任交代を引き受ける場面があるかもしれません。私自身は三度ほど経験しています。

学級経営は「クラスという集団をいかに引き継ぐか」と言いかえてもいいのではと思います。年度当初は「レギュラーな引き継ぎ」とも言え、前年度に様々な経験を重ねた集団をどのように受け止めていくかということになります。一方で、年度途中からの担任は「イレギュラーな引き継ぎ」と言えます。そうすると、「クラスを担任する」というイメージより、「クラスを引き継ぐ」という考え方になり、「受け継いだクラスとどのように関わっていけるか？」からスタートする感覚になるでしょう。

引き継ぎというクラスの「ビフォー」をつくる

子どもたちが育ってきた過去を前任の先生の話を聞く。この過程で「引き継ぎ」をもとにした学級の「ビフォー」が自分の中でできあがります。そして「どのようなクラスが最高の状態か」を見取り、各自の「アフター」をつくります。

青春映画のエンディングのような「アフター」をつくる

「引き継ぎ」で子どもたち一人一人の「ビフォー」をつくり、子どもの最高の成長の姿をイメージした、「アフター」をつくります。アフターは二〇〇%盛った子どもの理想像でいいと思います。そのアフター像に向けて、それぞれの成長サポートを行っていきます。

「〇〇さん。当初作文が苦手で常に文句をつぶやいていたが、原稿用紙三百枚を書き上げることができるようになった」、「△△さん。プリントをいいかげんに仕上げていたが、漢字を丁寧に書き、漢字テストでは常に百点をとるようになった」……。

「クラスの引き継ぎ」とは、引き継いだ「ビフォー」から「アフター」のシナリオをつくり、個の子どもたちとそれぞれの素晴らしいビジョンを共有していくための「前話」と考えています。

（藤原光雄）

学級崩壊を防ぐ⑤
メンタルを整える習慣

〈もしも〉の話ですが、過酷な状況になった場合のメンタルの整え方の習慣のお話です。

過酷な状況が、四月当初からの場合や、中盤あたりからしんどくなる場合、学期途中から担任交代で引き継ぐ場合などいろいろなパターンがあります。その際は、最も死守すべき事項から、逆算して自分ができる範囲のことに取り組むように心がけます。


「最後まで教壇に立ち続けることができるか？」


学校にとって最も回避したい状況は、一つの学級が崩壊することではなく、一人の担任が倒れ欠員が生じるという状況ではないかと思います。欠員が生じると、じわじわと学校全体が疲弊していくことに……。代わりの教員が見つかればよいのですが、一年間人員補強なしに終わることもめずらしくありません。最後まで立っていれば学校にとって十分なのです。

実際、教室に足が向かなくなるような過酷な学級状態と向き合わなければならなくなったとき、心を折らずに、クラスとどこまで向き合っていけるのでしょうか。

個人差はあれど、気持ちのもち方・考え方の転換でメンタルを整えることもできます。

「逆転の発想」、逆からの視点で実践を修正するのです。本来ならクラスの目標を志高く設定するものですが、死守すべき「デッドライン」を設定することから実践を始めます。〈攻める（プラスにする）実践〉ではなく、デッドラインを守ることに徹した、〈守る（マイナスにならない）実践〉です。

たとえば、「現状維持」や「安全第一」（トラブル、負傷の回避）など、割ってはいけないラインを設定し、そのラインを守ることに力を注ぎます。

ある年度の話。学級を見れば、どんな過酷な状況でも頑張る子は存在します。その子たちの「頑張りに答えるにはどうすればいいだろう？」と考え、「自分がしっかり取り組めば、頑張った分力がつく」ように実践を心がけました。頑張った分、得ることの多い手だて（板書や教材）を提供し続けることにしました。自分の力以上を出す必要はありません。

もしラインを割ることがあっても、再設定し、「また押し戻していこう」という気持ちがあればいいのです。過酷な状況のときは、自己の許容範囲も幅をもたせていけばいいと思います。最終的には時間が解決してくれます。よいクラスも、残念なクラスも、三月末で学級は終了してしまいます。開き直ってカウントダウンで乗り切ってみてください。

（藤原光雄）

夢を共有する習慣

理想のクラスイメージを共有していく習慣をつけるといいと思います。自分の描いているイメージを遠慮せずにどんどんクラスにも伝えていくということです。

「夢を見ることができれば、それは実現できる。」（ウォルト・ディズニー）

夢はまず創造者の頭の中に形づくられます。そして夢をかなえようと行動することで、現実にも夢が形づくられることになります。理想のクラスは、素晴らしいはずです。子どもたちの頭の中にも理想のクラスをまずつくってしまうのです！　クラスの素晴らしいイメージを機会あるごとにクラスに語りかけるのです。五感を使って、聞き手にありありと、自分が体験しているような感覚に陥るぐらいこまかく、リアルに感じられるように。

「こんなクラスがあればいいなと思うけど、聞いてくれるかな。チャイムが鳴り始めると、クラスがどんどん静かになって、鳴り終わると同時に、日直さんが挨拶の号令をかけてくれるんだ。みんなはイスの擦る音も聞こえないぐらい静かに、しかもいっせいに姿勢良く立ち上がって、挨拶をしてくれるの。それも合唱のようにやさしく、元気よく、美しくね。空気がスッと清められ、すっかり学ぶ空気になっているんだよね……」

こんなエピソードを体感できるペースで語っていくと、クラスの子どもたちの頭の中に理想のクラスができあがっていきます。

「給食準備のときはこんな感じなんだ……」「みんなこんな掃除をしているんだ……」と、いろいろな場面をありありと語っていきます。

そして時には「ちょっとやってみない？」と場面を再現してみるのも面白いと思います。これは一種のメンタル・リハーサルです。その瞬間、子どもたちは「理想のクラス」に一瞬なってしまうのです。

「こんな感じ。やってみてどうだった？」

「できたらいいよね」

「今、できたんだけど」

未来からやって来た奇跡を体感しながら、いつしか現実になってしまうような感覚。夢のために各自が何か行動することができれば素敵だと思います。

（藤原光雄）

子どもが主体的に学び出す！

授業づくりの習慣

Chapter2

四月にまず三学期の教材を見る習慣

新年度に新しい学年が決まってから、まず何をしますか?

私はまず、教科書を見ます。それも、三学期の教材を見ます。四月には、事務作業や打ち合わせなど最も忙しい時期です。その時期に三学期の教材を見るのは、その学年の一年間の学びを自分の中に入れておくためです。

三学期の教材は、その学年の子どもたちの学びのゴールです。ゴールを明確にイメージしておくことで、一年間の学びの見通しをもち、子どもたちの成長に合わせた授業づくりを行うことができます。三学期の教材を見据えて、各教科の学びを自分にインプットしておくことで、その授業で子どもたちが何を学ぶべきなのかが見えてきます。

三年生の社会科の例を紹介します。三年生の社会科の難しさは「地域を扱うこと」です。教科書教材では住んでいる地域と違うところが取り上げられていることが多く、市町村の副読本を使っていることが多いです。しかし、これだけで子どもたちが地域のことを深く学ぶのは難しく、やはり「授業者自身が地域について調べてみる」ということが重要になってきます。

一学期	わたしたちのまちと市	まちの様子
		市の様子
	はたらく人とわたしたちのくらし	店ではたらく人と仕事
二学期		工場ではたらく人と仕事／農家の仕事（選択）
	地いきの安全を守る	火事からまちを守る
		事故や事件からまちを守る
三学期	わたしたちの市の歩み	かわる道具とくらし
		市のうつりかわり

私は四月、最初の勤務日の帰りや休日の散歩ついでに市内の普段通らないようなところや少し足を伸ばしたところに向かいます。普段見ていないものを「授業をする」というメガネを通して見ることが大事です。そのために、「三年生で何を学ぶか」を頭の中に入れておきます。

そこで教科書を見ます。教育出版では、三年生の単元の構造は上の図のようになります。

これを見ると、一学期に交通・地形・土地利用など大まかな市の特徴を掴み、地域の商業、産業について学びます。二学期は、安全を守る仕事について消防署と警察署について学習します。三学期は、昔と現在の市を比べる学習になります。三学期に比較をするために、一学期でどのような視点で自分たちの市を見てきたかが重要となります。そして、三年生の社会科では、「はたらく人」に注目することが多いです。ここから、私は、一年間通して、いろいろな地域の方々の仕事やそれに対する思いに触れる中で子どもたちが自分なりに地域に対する考えをもてるようにしようと考えました。

「わたしたちのまちと市」の単元の教科書では、市役所の方が市のことを説明するインタビューのコーナーがあります。それを参考に私は、勤務校がある芦屋市の市役所のまちづくり課の方に連絡をとり、インタビューを行いました。その際、教科書を見せることで、どのような話が聞きたいか内容を共有するのに非常に役に立ちます。インタビューの中で、当時、JR芦屋駅の再開発という大きな計画が立ち上がっていることを知りました。三学期の比較は、このJR芦屋駅の移り変わりを中心に扱うことで、一学期の学びを活かせると考えました。四月初めの授業で、「芦屋市ってどんな街ですか」と尋ね、書かせました。お金持ちの街、給食のおいしい街、きれいな街、自然のある街などいろいろな子どもたちの素直な意見が出ました。これを三月にもう一度聞いたとき、どのような答えが返ってくるか、それを楽しみにしながら、日々の授業づくりを行っていきました。

このように、四月に三月の教材を見ておくことで、一年間の学びを俯瞰することができ、一つ一つの授業が三学期のゴールに向かってつながり、それが子どもたちの成長する授業となるのです。

（松下翔）

世界で一つだけの単元計画にする習慣

この単元で何を学ばせたいのか。どんな力をつけたいのか。そのためにどんな手立てをとればいいのか。単元前に時間をかけて教材研究をしますね。同じ学年を担任すれば、以前のストックがたまり次年度も使えますが、私は毎回リニューアル大工事を行います。

それは、同じ学年であっても、子どもの育ち、学力、集団の雰囲気、仲間関係が違うからです。単元計画は、目の前の子どもの姿を全面的に反映したものをつくります。単元計画をつくった後、出会いの感想文（初発の感想文）を書かせます。この感想を分析して、何が読めていて、何が読めていないか、子どもたちの読みの力を見取ります。そして、子どもが「みんなで学びたいこと」を書いていれば、それも単元計画に取り入れます。

このようにして単元計画を修正し、つけたい力は落とさず、流れは子どもの実態に寄せていきます。世界で一つだけの、オンリーワンの単元計画になります。

（千原まゆみ）

初読では，わからないという意見が多いと想定。学習計画を一緒につくりました。そのときに出た意見を子どもの言葉で第2ステージに入れました。

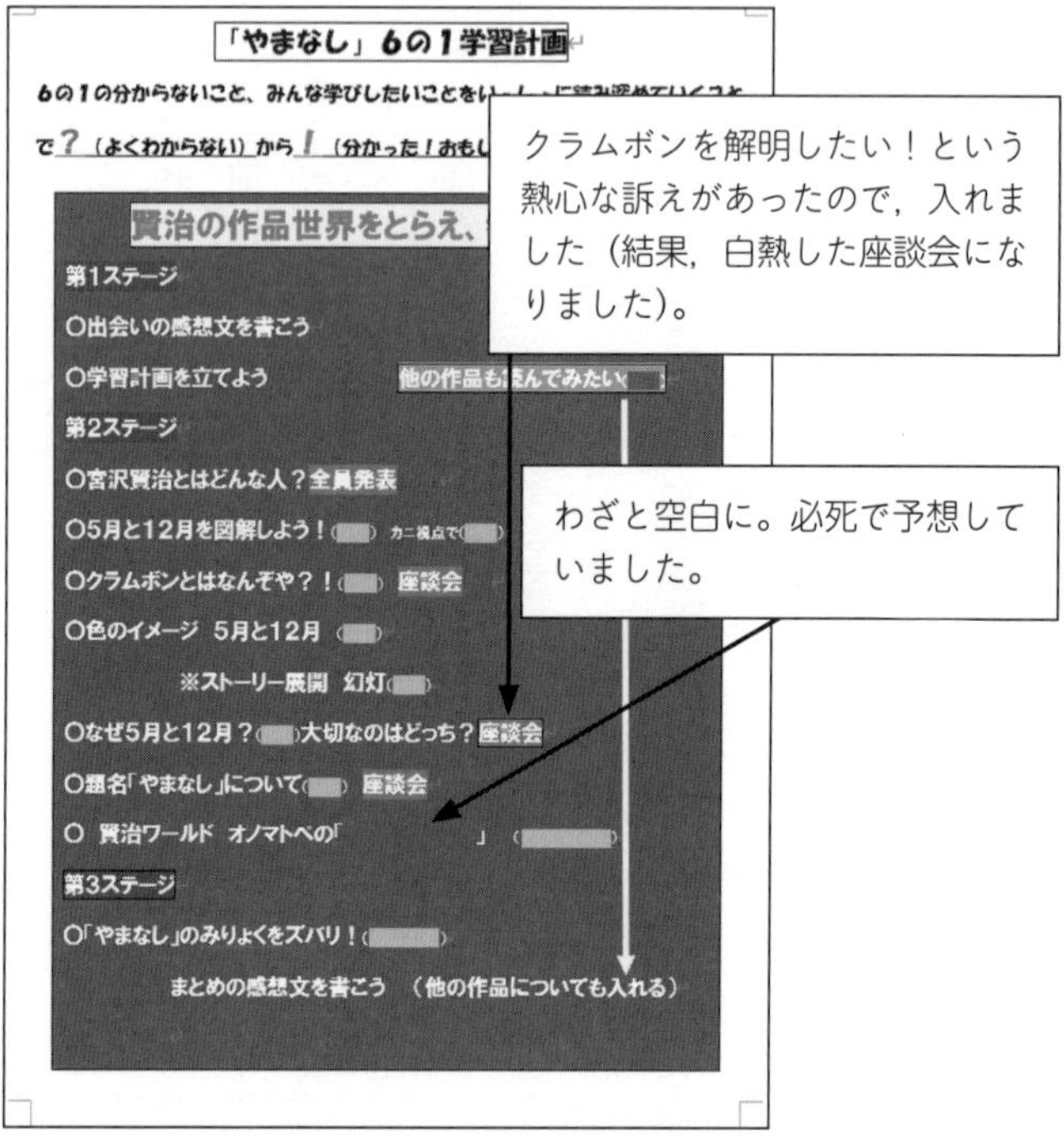
「やまなし」6の1学習計画
6の1の分からないこと、みんな学びしたいことを
で？（よくわからない）から！（分かった！おもし
賢治の作品世界をとらえ、
第1ステージ
○出会いの感想文を書こう
○学習計画を立てよう
他の作品も読んでみたい（）
第2ステージ
○宮沢賢治とはどんな人？全員発表
○5月と12月を図解しよう！（）カニ視点で（）
○クラムボンとはなんぞや？！（）座談会
○色のイメージ　5月と12月（）
※ストーリー展開　幻灯（）
○なぜ5月と12月？（）大切なのはどっち？座談会
○題名「やまなし」について（）座談会
○　賢治ワールド　オノマトペの「　」（）
第3ステージ
○「やまなし」のみりょくをズバリ！（）
まとめの感想文を書こう　（他の作品についても入れる）
クラムボンを解明したい！という熱心な訴えがあったので，入れました（結果，白熱した座談会になりました）。
わざと空白に。必死で予想していました。

には，子どもの名前を入れています（出会いの感想文に書いていた子や学習計画を立てるときに意見を出した子）。
単元によっては，子どもの名前を全員入れることもします。全員が活躍できるワクワク感やモチベーションアップになります。

学習方法を選べるシステムづくりの習慣

私の国語授業では普段、ノートに書かせます。しかし、学級には板書の視写が難しい子、板書を写すだけで精一杯の子もいます。学級にいる子どもの書く力は様々。どの子も意欲的に、自分で学べる手だてはないかと考え、以前から学習方法を選べるシステムを取り入れています。例えば、ワークシートを使う学習のときには、三～四パターンから選ばせます。全員に「ゴールは同じだから、大丈夫。どれを選んでもいいよ」と伝えます。学習方法に幅をもたせることで、どの子も安心して選び、学習できるようにします。

実践例1：五年伝記「アンパンマンの勇気」での読み取り（年表づくり）の時間

①ノート②ワーク③カッコぬきから選べるようにしました。四月から何度も取り入れているので、慣れた子どもたちは、自分の力に合ったものを選択して学習を進め、全員が時間内（このときは二十分）に年表をつくることができました。

人物像を書かせ，根拠となるエピソードや言葉を矢印でつなぐようにします。

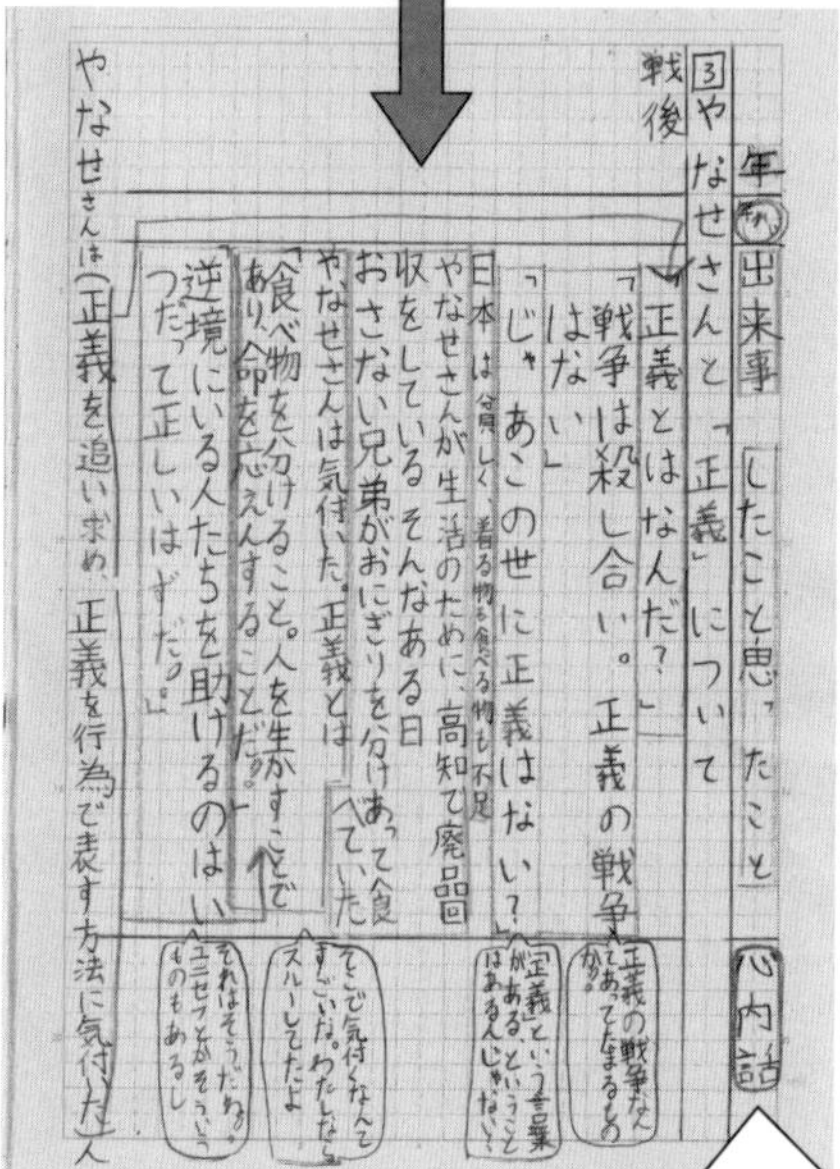

心のつぶやきを書かせます。

①ノートを選んだ子には，自力でまとめさせます。矢印，囲み，色の工夫・仲間の意見の書き方など，どんどん進化させます。26人 /38人

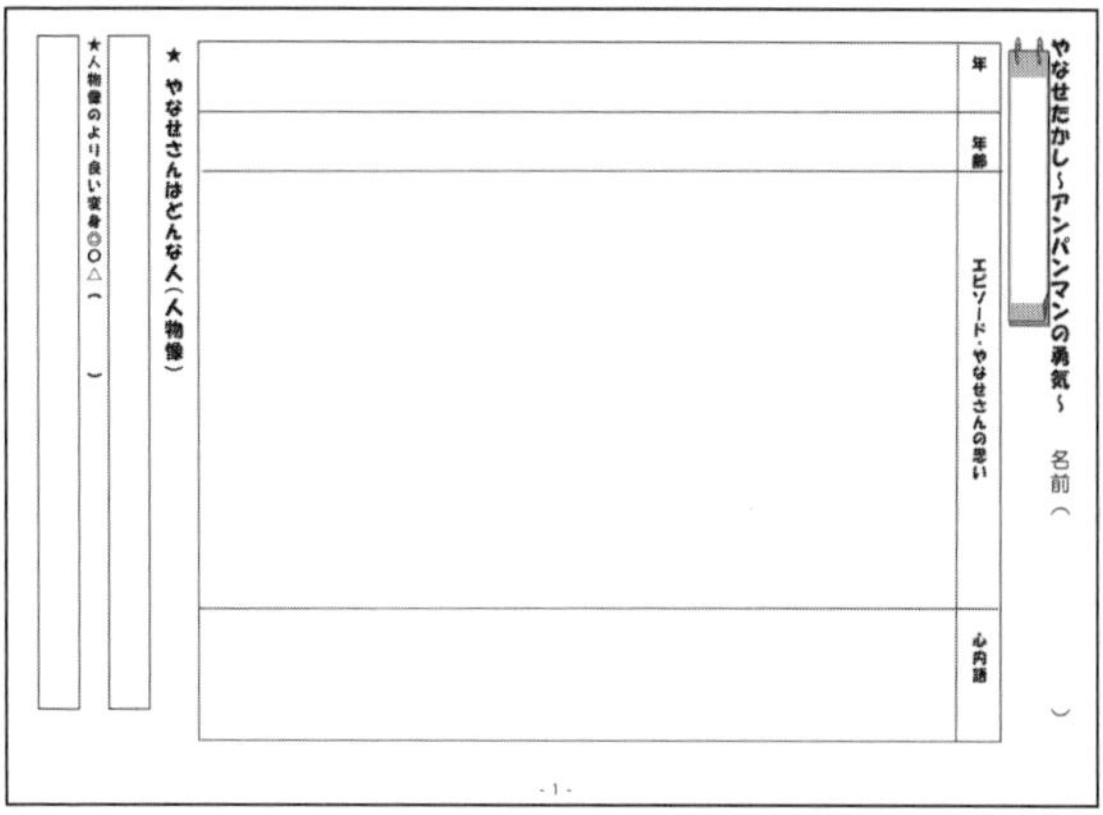

②ワークを選んだ子には，さらに２択。自力でまとめるか，先生の板書を参考にするかを選ばせます。自力で書くことを選んだ子は，必死で板書を見ないよう下を向いて書きました。８人 /38人

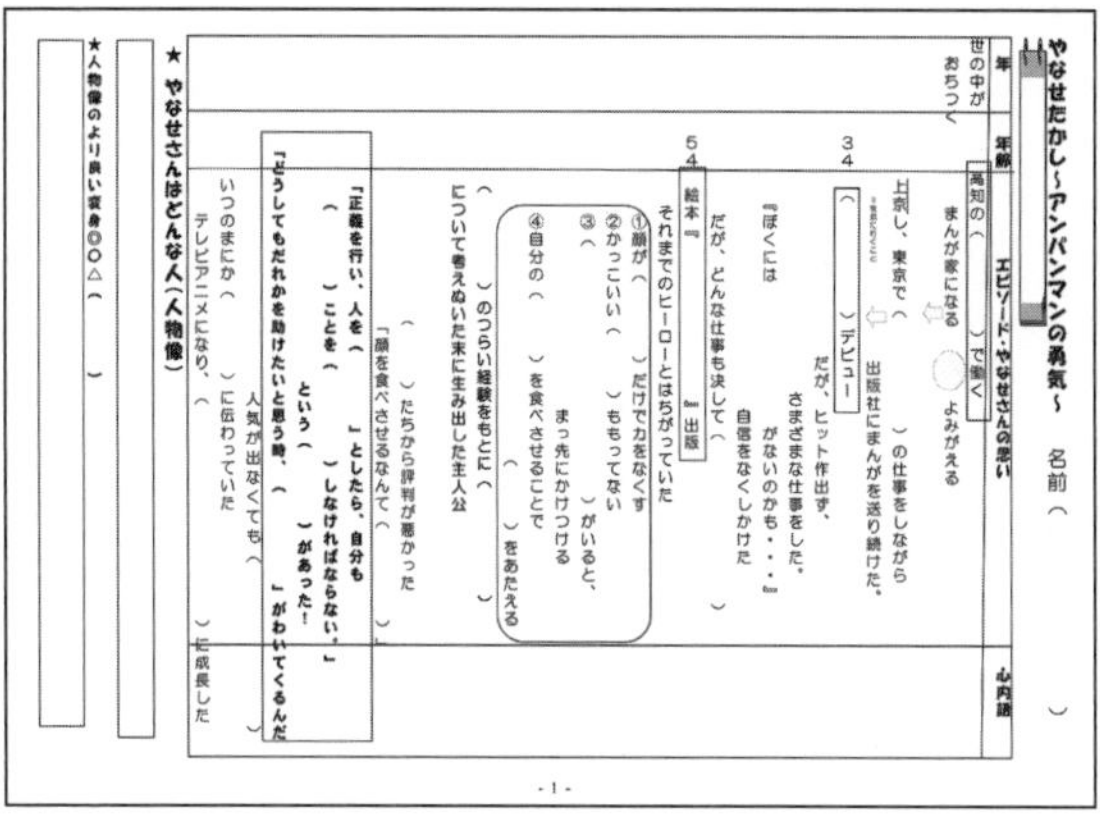

③カッコぬき　時間に余裕が生まれ，人物像をじっくり考えることができました。４人 /38人

実践例2：音読の部屋

音読練習をさせるとき、自分の課題を重点的に練習する楽しい方法を考えました。その名も「音読の部屋」です。

まず、自分の課題は何かを明らかにさせます。抑揚をつけたい、声量を上げたい、速すぎるのでゆっくり読みたい、まちがえずに読みたい等。

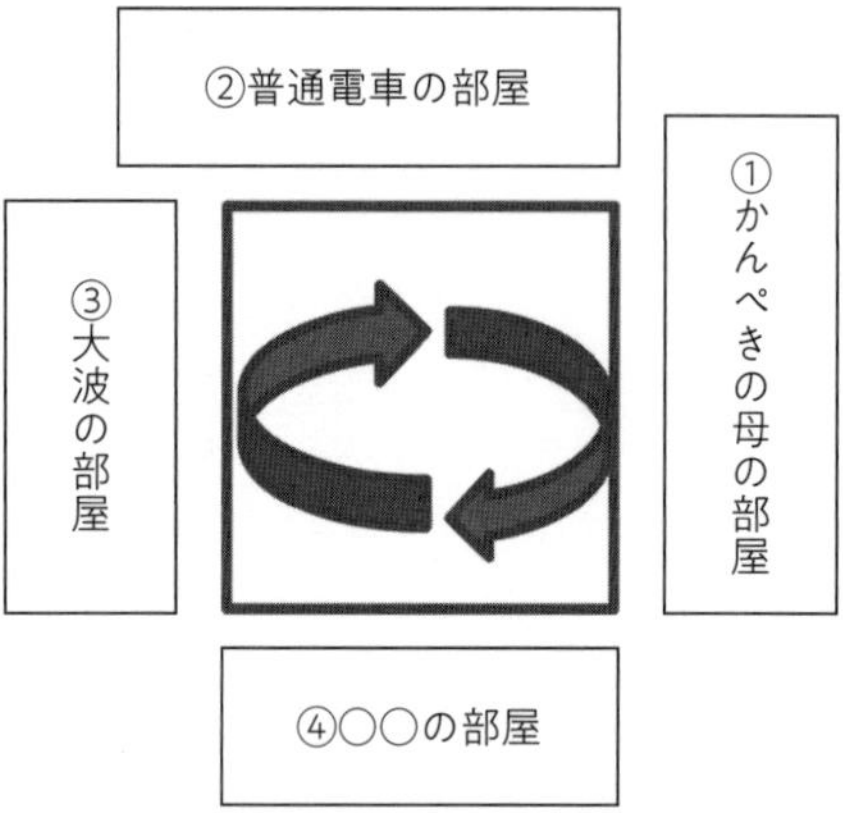

次に、教室の四つの壁に、「○○の部屋」と書いた紙を貼ります。たとえば「普通電車の部屋」では、ゆーっくりと読みます。「特急電車は景色が見えないけれど、普通電車はよく見えるね。景色がよく見える普通電車の速さで読もう」と説明します。

「かんぺきの母の部屋」は一文字もまちがえずに読む部屋。まちがえたら壁に貼ってあるお母さんの絵に「まちがえました〜」と言って、再チャレンジします。

「大波の部屋」では、大波がおしよせるように、抑揚をつけて大げさに読みます。

ここでは体を左右に揺らして読みます。
子どもの課題の中から多いものを貼ってやればよいわけで、そのときに応じて「○○の部屋」を変えます。紙を貼るだけで完成するので、いつでも実践できます。他には……

「悲しみの部屋」（泣きながら読みます）感情表現。
「0の声の部屋」（口パクで読みます）口を開ける練習。
「3の声の部屋」（教室皆に届く声で読みます）声の調整。

最初に見本を見せるときは、かなり「大げさ」にやります。その方がわかりやすく伝わるし、面白そう！とワクワクします。子どもたちは、壁に向かって一斉に音読を始めます。スタートは自分の課題の部屋からです。全部回るけれど、自分の課題としている部屋は二回連続で練習します。例えば抑揚をつけたい子なら、③からスタートさせ、③③④①②を繰り返します。それだけです。それだけなのに、大喜びで何回も何回もぐるぐる回って練習をします。気づいたら音読を十回もやっていた！となります。しかも楽しい！

（千原まゆみ）

圧倒的なリスペクトを生む教材との出会いを演出する習慣

教材とどのように出会わせるか。一番頭を悩ませ、一番ワクワクする瞬間です。意識しているポイントは大きく二つです。

①今までの学習の流れとのつながりがあること。

②授業後半の布石（伏線）になっていること。

光村図書の六年生物語文「やまなし」を例に、作者への圧倒的なリスペクトをもたせる出会わせ方を紹介します。

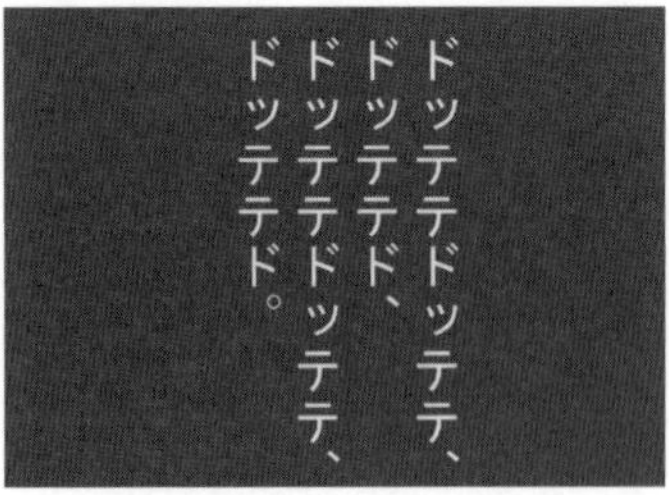

子どもたちに突然、「何を表したオノマトペでしょう」（上記写真）と問いました。オノマトペの意味を確認し、写真のスライドを見せ、教師は「ドッテテ　ドッテテ……」と範読します。その途端、子どもたちは、自然とこのオノマトペを口ずさみだしたのです。何度か繰り返すうちに、合唱のようになりました。その楽しい雰囲気から、「祭りのダンスかな。太鼓とか叩いている音」

「ドが太鼓の白い部分でテテが黒い部分」

などと予想します。

それが、電信柱が歩く音だと知ると、「そんなん、考えつかない！」とびっくりです。

これは、宮沢賢治の『月夜のでんしんばしら』に使われているオノマトペです。同じように、『風の又三郎』の「どっどど　どどうど　どどうど　どどう」や「雪渡り」の「キックキックトントン　キックキックキックトントン」など、どんどん予想させては、紹介していきます。

中でも面白かったのは、「銀河鉄道の夜」の「さあっ」と「きいん」です（上記写真）。

「さあっ」は「かき氷を食べたときに身体中に冷たいのが回っていく音」、「きいん」は「かき氷で頭がキーン」と発言した子がいました。すると、「それやったら、ひらがなにするかな？」と反論した子がいたのです。オノマトペが「ひらがな」か「カタカナ」かによっても、読者の印象が変わってくることに気づいた貴重な発言でした。そこから、「体に感じるから、髪の毛が風でさあってなる」

などと、心が冷たくなる様子に近い考えが出てきました。そして、学習の最後にこのオノマトペをつくったのが「宮沢賢治」だと紹介すると、自分たちが考えもつかないオノマトペのつくり手に、〈圧倒的なリスペクト〉が生まれました。

この出会わせ方にしようと思ったのは、「帰り道」（光村図書六年）を学習しているとき、A君が「作者スゲー」と言い出したのが発端でした。そこから、B君が単元末のまとめの感想文の最後に「探偵読者に俺はなる！」と書いたことで、作者へのリスペクトと、探偵のように作者の技を見つけられるようになりたいという意識がクラスに生まれました。これが、「①今までの学習の流れとのつながりがあること」です。また、オノマトペに焦点化したのは、「やまなし」が落ちてくる「トブン」というオノマトペに、自然と着目させるための手立てでもありました。「トブン」に着目させることが、「やまなし」の読み取りに必要と考え、「②授業後半の布石（伏線）になっていること」として考えた出会わせ方でもありました。このように、〈ドラマチック〉な学習の流れを演出しつつも、これからの学習展開に無駄がない出会わせ方を意識して、授業をつくるようにしています。（鷹野智香）

〈参考文献〉栗原敦監修・杉田淳子編『宮沢賢治のオノマトペ集』（ちくま文庫）／齋藤孝編『子ども版　声に出して読みたい日本語1』（草思社）

子どもたちの実態に合わせて教材との新鮮な出会いにする習慣

高学年の物語教材を読む上で、「物語は、人生を描いている」という考え方を大切にしています。特に、中心人物が人ではない場合、「人の生き方」に置き換えて考える、物語を一歩離れた場所から俯瞰的に見るという感覚を養う上で必要です。先ほどと同じ「やまなし」（光村図書六年）の導入。〈②授業後半の布石になっていること〉に重きを置いた教材との出会わせ方を紹介します。

岩手県の「宮沢賢治童話村」を訪れた際、「ネズミから連想したのはどんな人？（『ツェねずみ』）」「思わず応援したくなるアマガエルの働きぶり（『カイロ団長』）」といった、賢治の作品の中に出てくる動物を紹介した掲示物を見つけました。そのときは、「何か使えないかな？」という意識でメモしただけだったのですが、これが、「物語は、人生を描いている」「動物だけど人を描いている」という感覚を養うことに使えないかと考えました。

そこで、この掲示物を活用することにしたのです。「ネズミのイメージ」から、「ネズミから連想するのはどんな人か」と問いました。

子どもたちからは、「情けない性格の人」という意見が返ってきました。

「カエルから連想する人」からは、「きれい好き」「日曜の昼から掃除機をかけるお父さん」という意見が出てきました。

宮沢賢治は、「カイロ団長」の中で、「カエルは愉快な働き者」と考えているので、子どもたちは似たイメージをもっていることがわかります。

「ねこに似合う職業」では、「掃除屋」「教師」「寿司屋」「ボクサー」「アイドル」という意見もありました。このクラスの子は、お話づくりが上手な子が多かったので、発想がバラエティに富んでいて、妙に納得させられるものばかりでした。宮沢賢治の他作品を通して、登場する動物と自分たちの身近な人とを結びつけながら、「動物だけど、人を描いている」ことを印象づける出会いになりました。この考えが、「物語は人生を描いている」ことつながり、「主題を受け取る」学習への布石になると考えた出会いでもありました。

縁あって、六年生を何度か担当していますが、クラスによって実態は様々です。一度やったことが、そのままでうまくいくと限らないのが授業の面白いところです。クラスの実態に会い、授業後半の学びにつながる〈出会わせ方〉をいつもワクワクしながらアンテナを張っている自分がいます。

（鷹野智香）

説明文と子どもたちをつなぐ教材提示の習慣

説明文の単元づくりで大切にしているのは、「教材」と「子ども」をつなぐことです。光村図書六年「『鳥獣戯画』を読む」。「鳥獣戯画」と言われても、子どもたちは見たことも聞いたこともありません。「戯画」と音声で聞いたところで、「GIGA?」「ギガ?」と、頭に「?」が浮かぶばかりで、興味がわかない子どもが出ることは予想できました。

そこで、班に一つ、コピーして巻物風にした「鳥獣戯画（甲巻）」を配り、巻物の読み方だけを説明し、真っ新な状態で「鳥獣戯画」に出会わせることにしました。

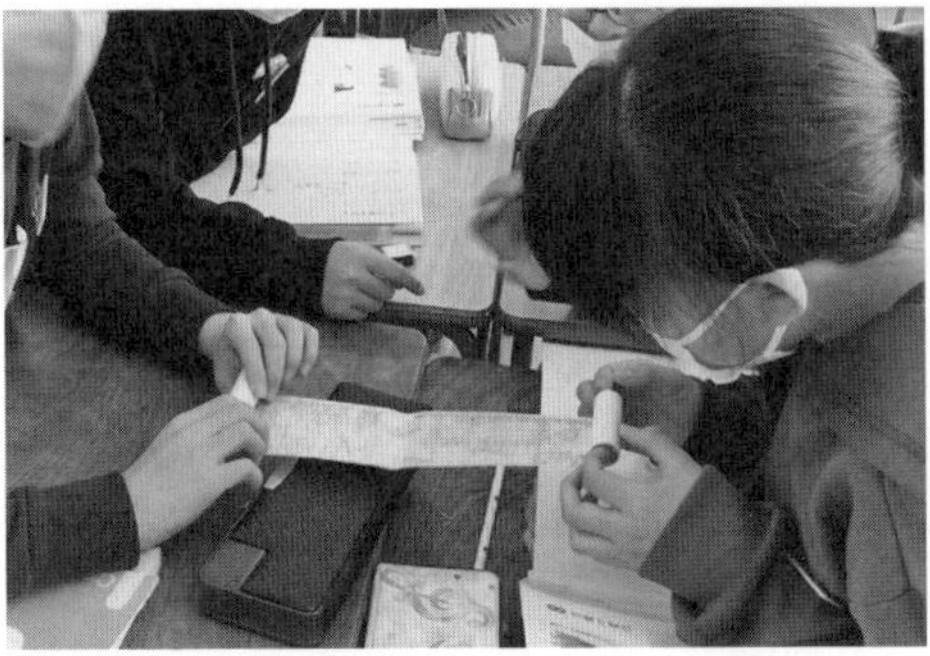

上の写真のように「鳥獣戯画」を読み始めた子どもたちは、

「カエルとウサギがすもうをしている」

「人間っぽい」

「カエルが反則している」

などとそれぞれの班で、気づいたことを話し合ったり、自由にセリフを考えたり、お話をつくったりしていました。

巻物が手元にあるだけで、「鳥獣戯画」との出会いが、教師も子どもも、ワクワクしたものになりました。


その後、教材文の「『鳥獣戯画』を読む」に触れると、

「この場面あった！」

「(高畑氏の文章は) Aさんが言っていたのと一緒や。Aさんスゲー」

と言っていました。

「鳥獣戯画」という題材に先に出会わせることで、筆者である高畑氏の考えと、自分たちの発見がつながっていきます。説明文というどこか遠い存在が、子どもたちにとって身近なもの、愛着のあるものへと格上げされていました。

その後の〈出会いの感想文〉には、「高畑勲氏の見た感想と、みんなが出した感想が同じ。僕たちが(高畑氏と)同じように理解できることが、もう、すごく驚いた」「『やまなし』は言葉で色や絵を表していたけど、『鳥獣戯画』は絵だけで気持ちや言葉を表している」などと書かれていました。

さらに、

「『ためしにぱっとページをめくってごらん』の文で、読者を釘付けにして、そこから一つ一つの面白さについてとことん解説していて、隅から隅まで徹底的に説明してくれていて、ほお～ってなりました」

「こんなにうまい文で、読者をドキドキさせる会話文は見たことがない」

「筆者と一緒に絵を見ていて、筆者がそれについて説明してくれているように感じる」

「もし、この文章がなければ（鳥獣戯画の）スゴさに気づかない」

「『その名はなんとかわず掛け』。この文が、『その名はなんとかわず掛けだ』だったら、リズム感やスピード感が変わる。この文末表現の工夫を調べたら、『体言止め』ということがわかりました。読者の印象に残りやすくしていることがすごいと思います」

など、この説明文で学習させたい「表現の工夫（書きぶり）」にフォーカスした感想を多くの子どもが書いていました。そのお陰で、「高畑氏の書きぶり」についての学習へと自然に進めていくことができました。

教師が学ばせたい高畑氏の「書きぶり」に、子どもが着目できたのは、教材を身近に感じられる〈出会い〉があったからだと考えます。

（鷹野智香）

意図指名の習慣

「マクドのセットでポテトとハンバーガーだから……」

何の学習中の発言だと思いますか？

これは、五年生算数「少数のわり算（少数÷少数）」で割る数を十倍や百倍したら、必ず割られる数も十倍や百倍することをAさんが発表したときの言葉です。

授業が盛り上がってきた。導入の食いつきがいい。たくさん手が上がっている。ここで、浮上するのが、〈誰から当てるか〉問題です。誰を指名するかによって、盛り上がりそうな雰囲気が一転、勢いが失速してしまうことがあります（逆に、グッと熱量が上がったりします）。私は、授業をつくるのは「ハイタレントなあの子ではなく、コミュニケーション能力の高いあの子だ」と思って授業をしています。コミュニケーション能力の高いあの子は、みんなを惹きつける言葉をもっています。自分の考えを何とか伝えようと、〈日常の言葉〉でうまく例えてくれます。

こんなこともありました。六年生の国語物語教材「やまなし」。「『やまなし』が出てこない五月の幻灯は必要か」というテーマで学習をしていたときです。十二月、やまなしが

落ちてくる直前、カニの兄弟の「カワセミだ」と勘違いする場面のことを、Ａさんは
「歌でも、サビの直前にちょっと下がって、それから盛り上がる」
と言ったのです。この発言がきっかけとなり、そこから、Ｂくんの
「物語はマイナスとプラスでできている」
という名言が飛び出し、そこに、Ｃくんが
「五月と十二月で場面が反転している」
とつなげ、さらにＤくんが
「マイナスがあってこその幸せ」
とやまなしが何を象徴しているのかにつながる考えまで飛び出しました。「サビの直前」という、子ども同士に伝わりやすい〈日常のコトバ〉を使った例えによって、学習がつながり、深まった授業になりました。
コミュニケーション能力の高いあの子は、みんなを巻き込む言葉と、みんなから愛されるパワーをもっています。だからこそ、コミュニケーション能力の高さという視点を取り入れた指名を心がけました。
意図した指名をする習慣ももちたいものです。

（鷹野智香）

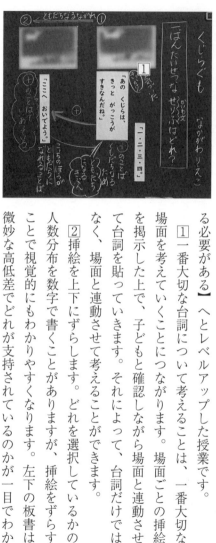

板書①
掲示物を活用する習慣

写真の板書は、光村図書一年「くじらぐも」の8時間中の7時間目に行った、一番大切な台詞について考える授業のものです。前時には「一番好きな場面」について学習しています。自分の好きな場面について自由に話し、【どれも正解】から、本時【根拠を説明する必要がある】へとレベルアップした授業です。

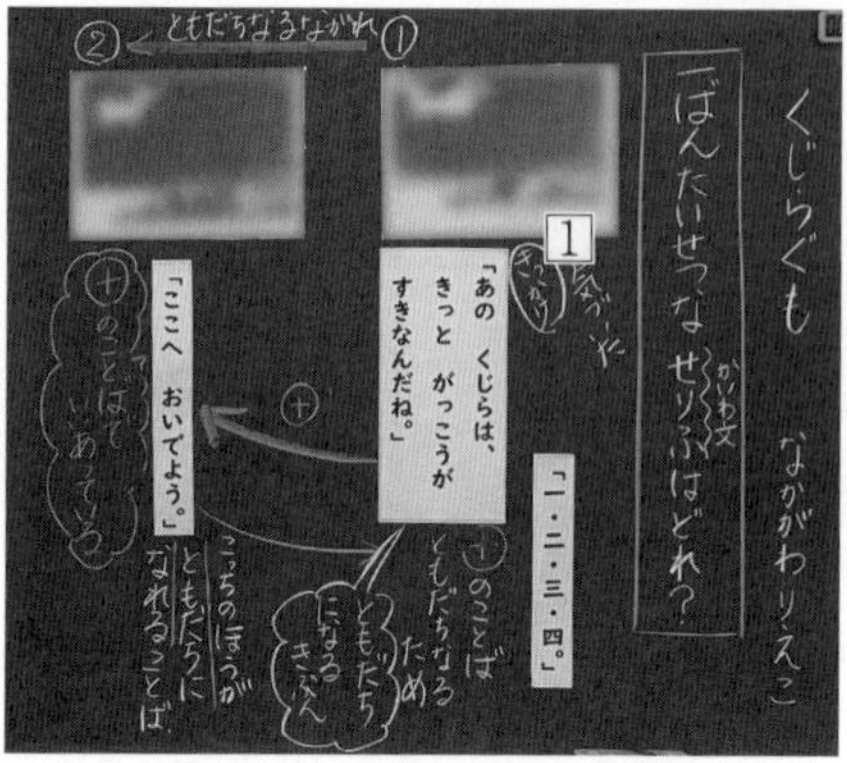

1一番大切な台詞について考えることは、一番大切な場面を考えていくことにつながります。場面ごとの挿絵を掲示した上で、子どもと確認しながら場面と連動させて台詞を貼っていきます。それによって、台詞だけではなく、場面と連動させて考えることができます。

2挿絵を上下にずらします。どれを選択しているかの人数分布を数字で書くことがありますが、挿絵をずらすことで視覚的にもわかりやすくなります。左下の板書は微妙な高低差でどれが支持されているのかが一目でわか

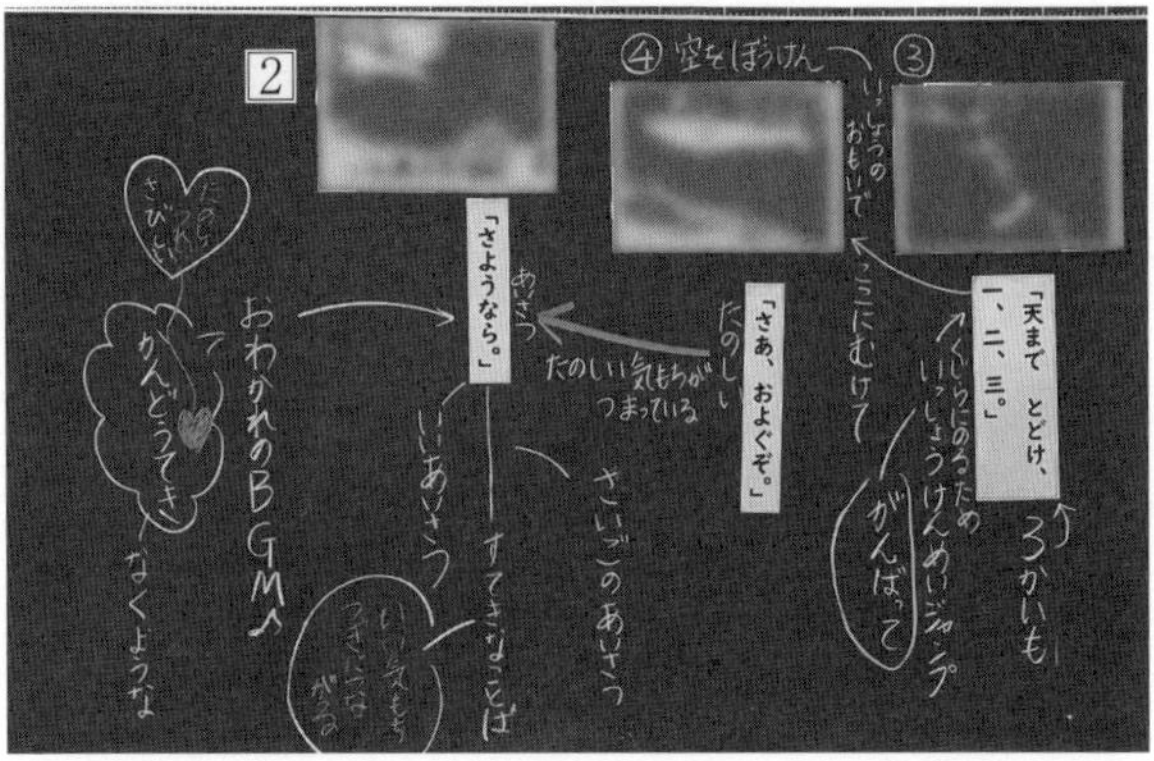

ります。

板書の発言は、全て子どもの発言を書いたものです。この授業では、「きっかけ」「友だちになる流れ」など、物語の展開に触れる考え。「天までとどけ、一、二、三」の山場の重要性に触れる考え。そして、「おわかれのBGMが聞こえる」「感動的」など、結末の余韻を感じている考えについて話し合うことができました。

（茨木泉）

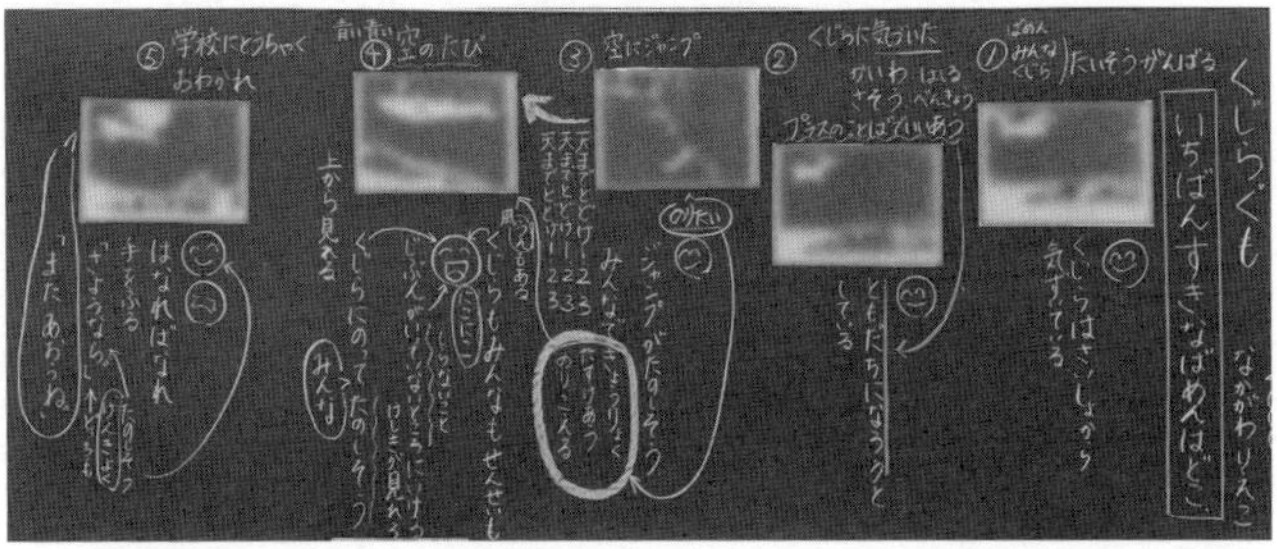

板書②
思考させる習慣

写真の板書は光村図書二年「スーホの白い馬」の15時間中13時間目に行った、「スーホの白い馬」という題名を別の題名にするとしたら、どれがぴったりか六つの選択肢から選ばせる授業のものです。

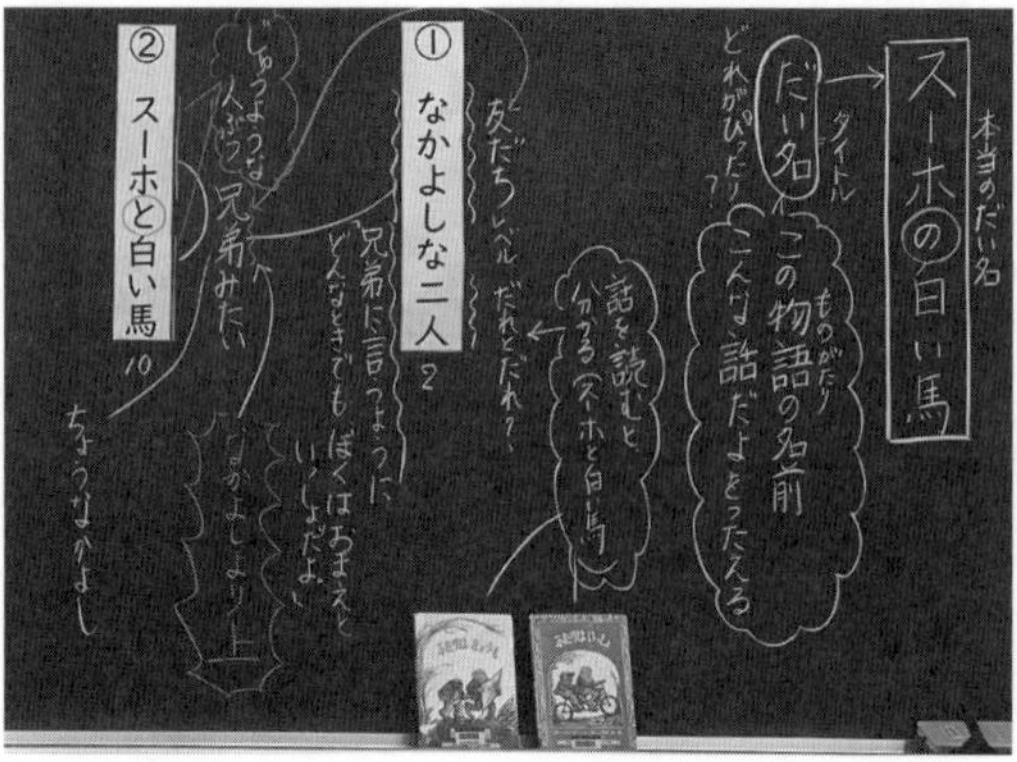

新たな題名を考えることで、物語の重要な要素に気づける学習を目指しました。それを気づかせやすくするための板書の工夫、つまり思考させるための板書です。

板書の①の部分は、似合わない選択肢をずらしたものです。まず授業の序盤で「似合わないもの」を挙げさせました。その時点で除外されたことを視覚的にもわかるように下にずらします。完全にとってしまうのではなく、ずらすことで、ぴったりではないけど言葉を再利用したり他の選択肢との比較に使ったりできます。

板書の②の部分は、人物関係を示した図解です。単元

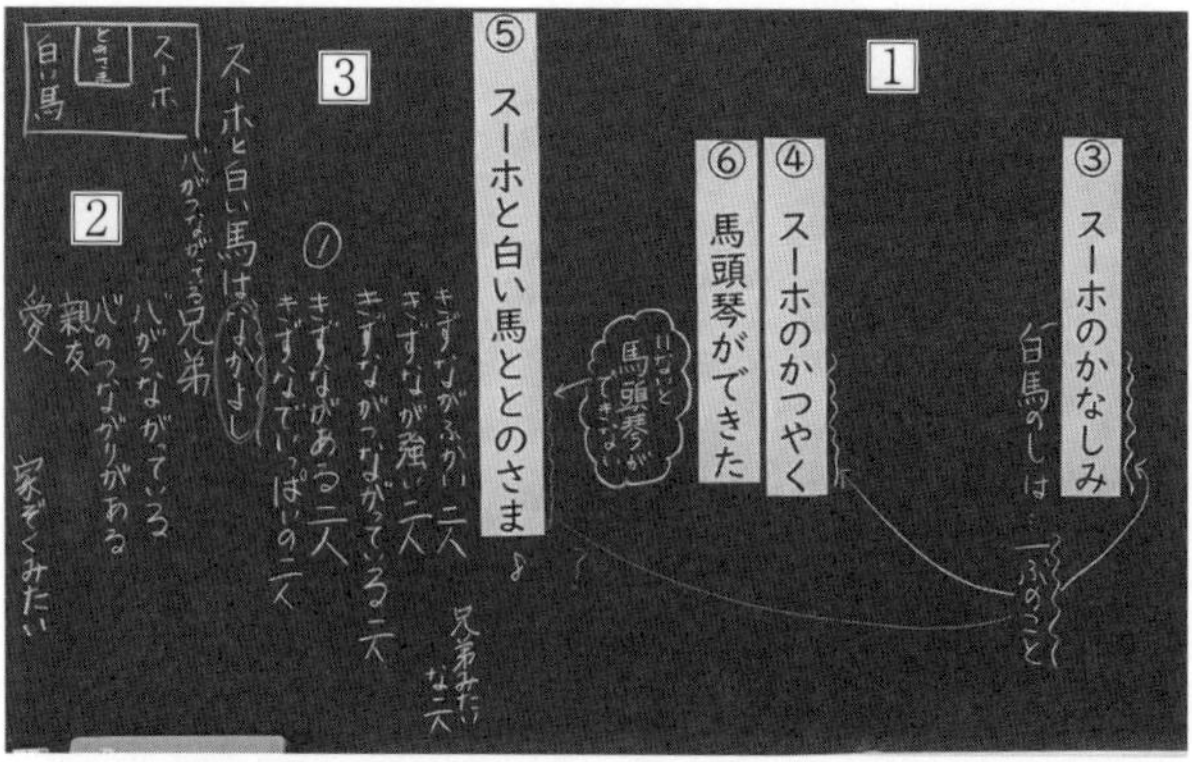

の序盤で検討した人物関係図を提示することで、スーホと白い馬の関係を想起できるようにしました。それが、3の活動につながっていきます。

　板書の3の部分は、授業の終盤、新たな題名を再検討したものです。選択肢「①なかよしな二人」について、「なかよし」というレベルではない。二人は誰と誰かわからないという意見が出ました。そこで、「②スーホと白い馬」と合体させ、「なかよし」を別の言い方にすることになりました。

　「きずな」を使って表現する子と、別の言い方で表現する子にわかれました。右には「きずな」から始まる考えを書き、左にはそれ以外の考えを書きました。教師が提示した題名を再検討する中で、重要な要素を盛り込みながらより物語に合ったものに改良することができました。

（茨木泉）

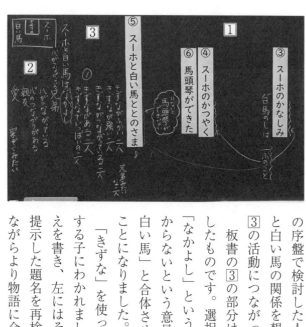

板書③
比較する習慣

写真の板書は光村図書六年「やまなし」の12時間中の10時間目に行った、なぜ題名を「やまなし」にしたのかを考える授業のものです。単元の前段階として、下のように詩（「ひかりとやみ」工藤直子）で色のイメージや主題を受け取る学習をしています。その学習を活用しながら本時を深めていくことをねらいとしました。

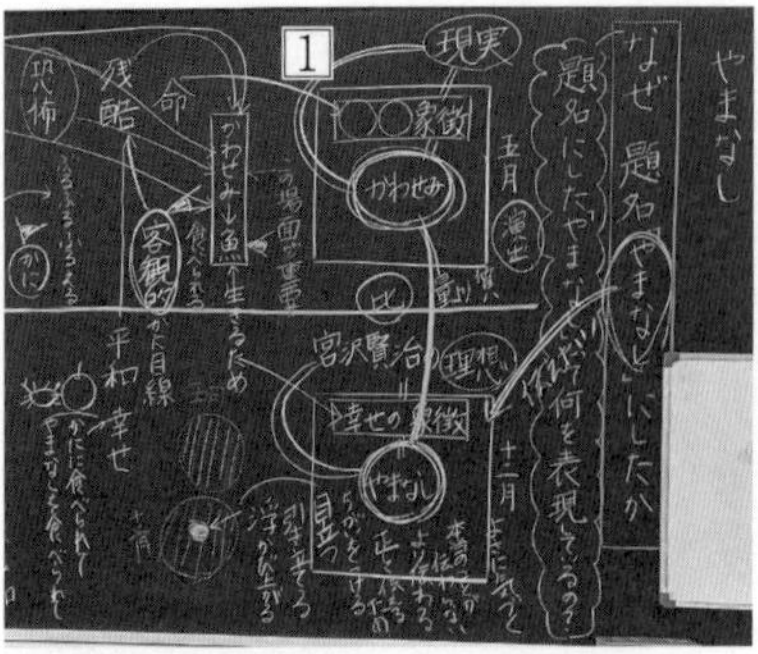

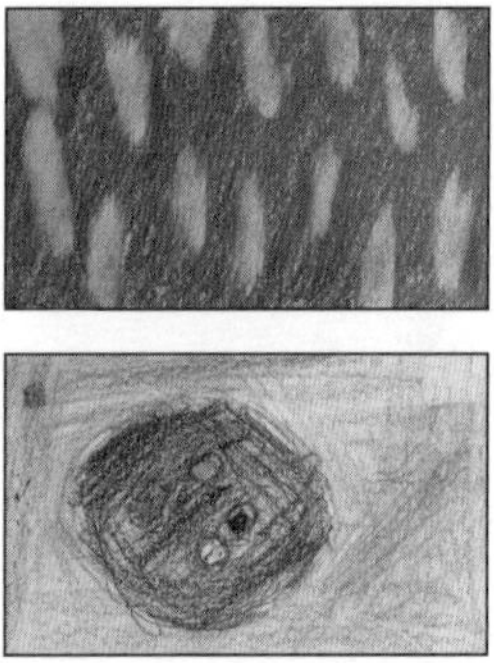
「ひかりとやみ」（工藤直子）のイメージを絵で表現したもの

板書の1の部分は、授業の序盤で五月と十二月で対になっている「かわせみ」と「やまなし」について強調させたものです。その上で、それぞれが象徴しているものについて考えていきました。子どもから出た意見を対になるようにどんどん板書していきます。説明で出たことを補足する板書や、つ

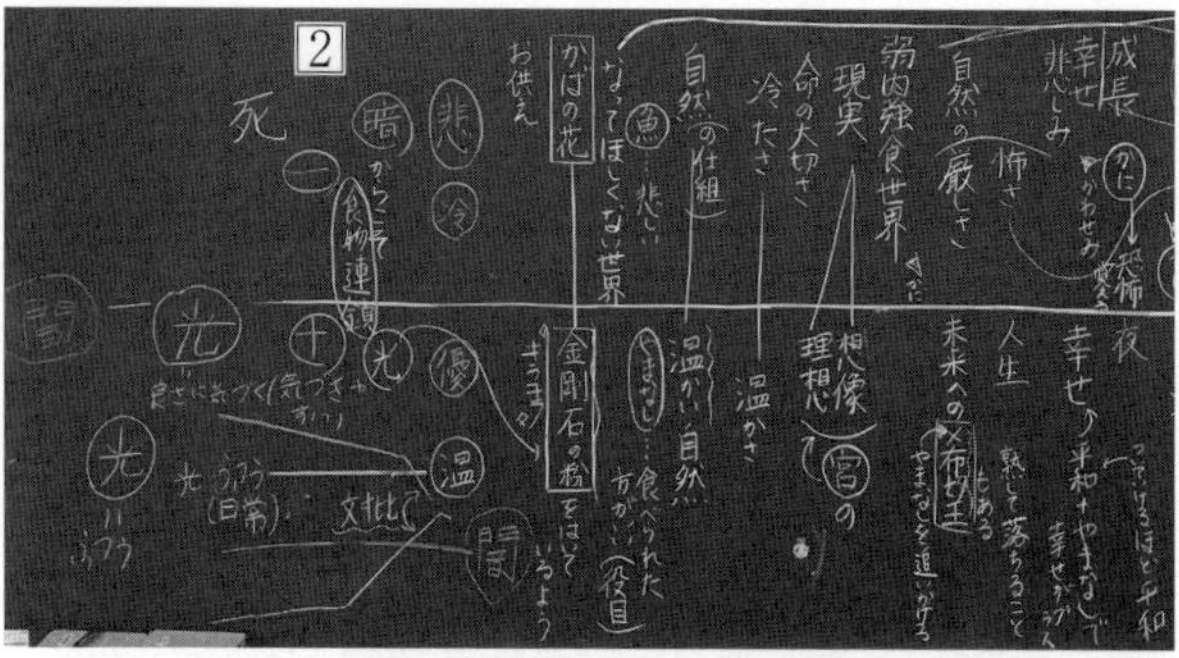

ながりを結ぶ線もその都度付け加えていきます。授業の後半、「『ひかりとやみ』でも学習したように、五月の暗さにより十二月の『やまなし』が引き立てられ、主題（賢治氏の伝えたいこと）がより伝わる」と、既習である詩の授業と関連させた意見が出ました。既習の「詩のイメージ」が記憶に残っているので、この説明とイメージが結びつき、「やまなし」を題名にした意図についての考えが深まっていきます。それが、板書の2の部分です。板書は部分的に子どもにも書かせます。

五月を「悲」「冷」「暗」「死」

十二月を「優」「温」「光」

で表現し、「光だけだと普通だけど、闇があった方がよさに気づく」「五月の残酷さによって、そのおかげで今の日常がよく感じる」と、詩の学習と関連づけて説明していました。

（茨木泉）

板書④
板書計画とライブ感の使い分けの習慣

写真の板書は光村図書六年「海の命」の11時間中の10時間目に行った、中心人物である太一が、なぜ瀬の主を殺さなかったかを考える授業のものです。単元の最終課題であると同時に一年間の物語教材を締め括る位置づけの授業でもあります。

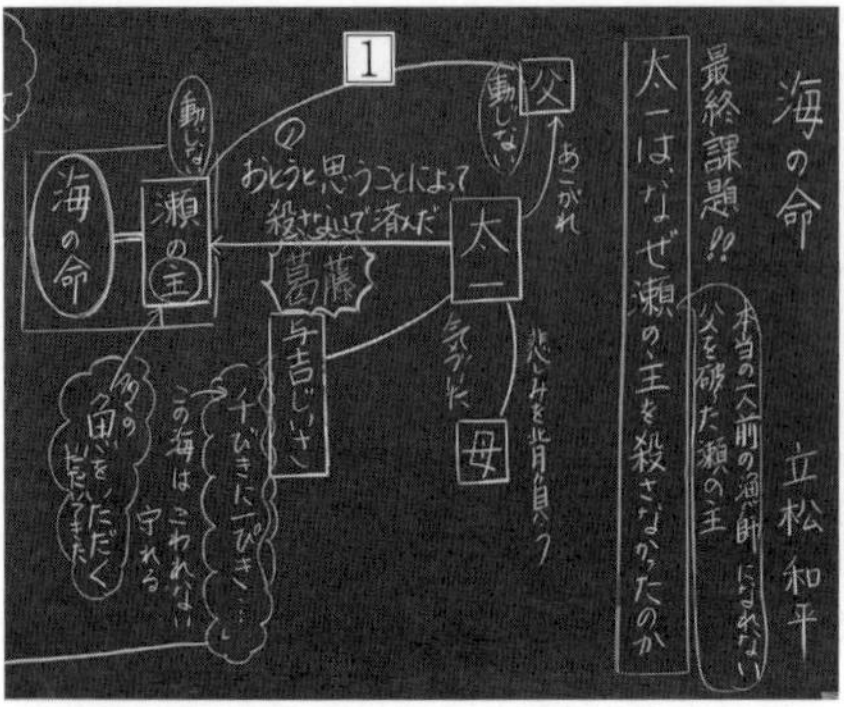

[1]前時までの内容を受け、授業前にあらかじめ板書したものです（板書計画）。はじめは、「海の命だから」「おとうと思ったから」など、本文に書いてあることだけを理由として考えていることがわかります。それを授業の中でどのように深めていくかの鍵が次の図解です。

[2]子どもの図解である①「海のバランス」②食物連鎖を崩す③命の循環という考えを受け、一気に内容理解が深まっていきました。

[3]説明で出たキーワードを板書したり、関係のあるものを結んでいったりします（ライブ感）。

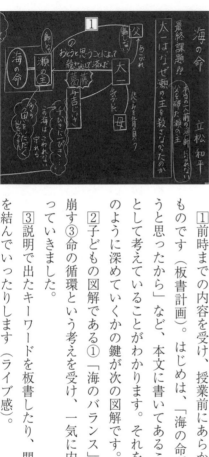

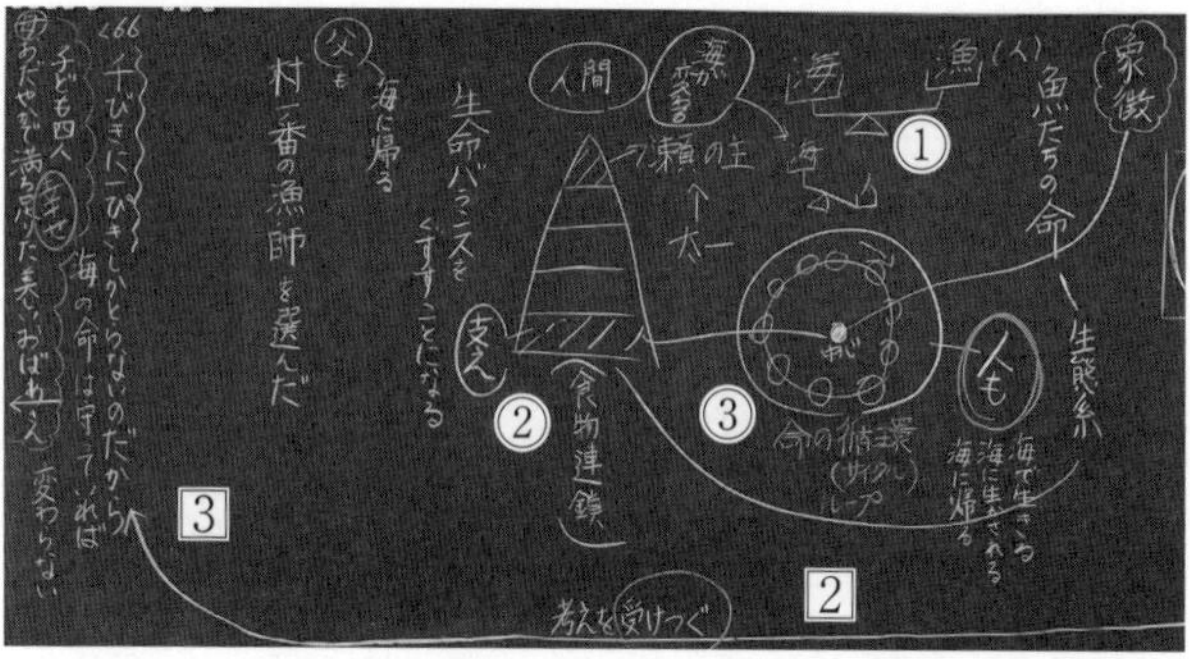

一年を通して「図解」を意図的に使用することで、子どもも図解をしながら説明できるようになります。教師の図解を見て、そのよさをわかっているからこそ、自分が説明するときにも効果的なツールとして使用しているのです。この授業では、図解を使って新たな視点を視覚的にも受け取ることができたことで、強烈に「わかった！」が生まれました。

本時の振り返りでは、「いつもの授業にも増して楽しかった。途中でわからないこともあったけど、それがみんなの意見でわかったときの楽しさはすごかった。今日は改めて『国語って楽しいな』と思えた一日だった」「今日の授業は今までで一番楽しかった！　こんな楽しい授業をして今書いている自分もびっくり。物語の最後の授業がこれでよかったなと大満足！」「今回の授業で時間（授業終了）なんてなければいいのにと思った」などという意見が生まれました。子どもの興奮が伝わってきます。

（茨木泉）

書いたものをリメイクさせる習慣

振り返り、感想など、〈書く〉場面は日常にたくさんあります。教師は、子どもたちが書いたものを評価するだけでなく、読んで紹介したり、素敵な作品を印刷して配布したりしながら書く力の底上げを図ります。私はそれ以外に、自分の書いたものを〈リメイク〉させることがあります。〈リメイク〉とは、自分の文章に、学習した比喩や擬人法、作品を評価する言葉などの筆者の表現（書きぶり）をつけ加えてみることです。

例えば、別項でも紹介している「『鳥獣戯画』を読む」（光村図書六年）には、学習後に「日本文化を発信しよう」というパンフレットを書く学習が設定されています。「『鳥獣戯画』を読む」を学習して、いきなりパンフレットを書くのは難しいと感じました。それに、この説明文の魅力の一つである高畑勲氏の多様な表現を、パンフレットの中で子どもたちに使わせてみたいとも思いました。そこで、伝統芸能を学習した際に書かせた「柿山伏の面白さ」や「歌舞伎の魅力やスゴさ」の文章をリメイクする学習を計画に入れたのです。子どもたちは、鋭い視点で面白さやよさを書きます。しかし、評価をする表現方法の少なさが目立ちます。そこで、「『鳥獣戯画』を読む」で、高畑氏の表現の工夫を学習し、技の

Before

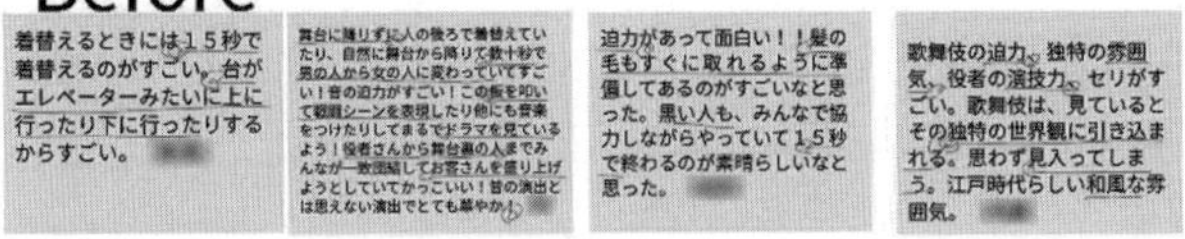
着替えるときには１５秒で着替えるのがすごい。台がエレベーターみたいに上に行ったり下に行ったりするからすごい。
舞台に降りずに人の後ろで着替えていたり、自然に舞台から降りて数十秒で男の人から女の人に変わっていてすごい！音の迫力がすごい！この板を叩いて戦闘シーンを表現したり他にも音楽をつけたりしてまるでドラマを見ているよう！役者さんから舞台裏の人までみんなが一致団結してお客さんを盛り上げようとしていてかっこいい！昔の演出とは思えない演出でとても華やか！
迫力があって面白い！！髪の毛もすぐに取れるように準備してあるのがすごいなと思った。黒い人も、みんなで協力しながらやっていて１５秒で終わるのが素晴らしいなと思った。
歌舞伎の迫力。独特の雰囲気、役者の演技力。セリがすごい。歌舞伎は、見ているとその独特の世界観に引き込まれる。思わず見入ってしまう。江戸時代らしい和風な雰囲気。

After

武士たちが舞台の上を駆け回る、迫力のある戦闘シーン。華やかな衣装。独特な世界観。どれも魅力的で、実に素晴らしい。それらを支えている舞台裏のからくり。エレベーターのように上下するセリや、驚きの早着替え。その仕組みはまさに圧巻。舞台上の世界だけでなく、舞台裏の世界も実に魅力的である。

名前として、一つ一つネーミングしていきます。その数々の技を、〈高畑脳〉になって書く学習の中で、自分たちの文章にリメイクを加えていくのです。

上の写真のように、子どもの作品の中の、「この表現なら高畑氏っぽく変えられる」という一～二文を教師が抽出し、その一～二文を高畑氏っぽく書き変えさせることにしました。個人で考えたものをもち寄って、チームごとに「決定版」として提出させたのです。それだけでは終わりません。高畑脳グランプリと称して、リメイクした作品から「実況技」「体言止め技」「断言技」「オリジナルネーミング技」「オノマトペ技」など、クラスのみんなで技を探し出し、ポイントをつけていきます。ポイント、つまり技の数や種類が多ければ多いほど高畑勲度が高い、熱く評価した文章となります。

このように、書いたものを〈リメイク〉するというスモールステップをはさみながら、パンフレットづくりに向けて、物事を評価する言葉を増やしていきました。

〈書く〉ことは、個人差が生まれやすい学習です。単元のゴールで〈書く〉を設定している場合、単元計画の中に、〈書いたものをリメイクする〉という活動を取り入れることは、体に少しずつ学習内容を浸透させていくことにつながります。学習内容を定着させつつ、書くことを楽しめるクラスにしていきたいと思って指導を続けています。次頁には子どもたちがつくった日本の伝統文化パンフレットを載せています。

（鷹野智香）

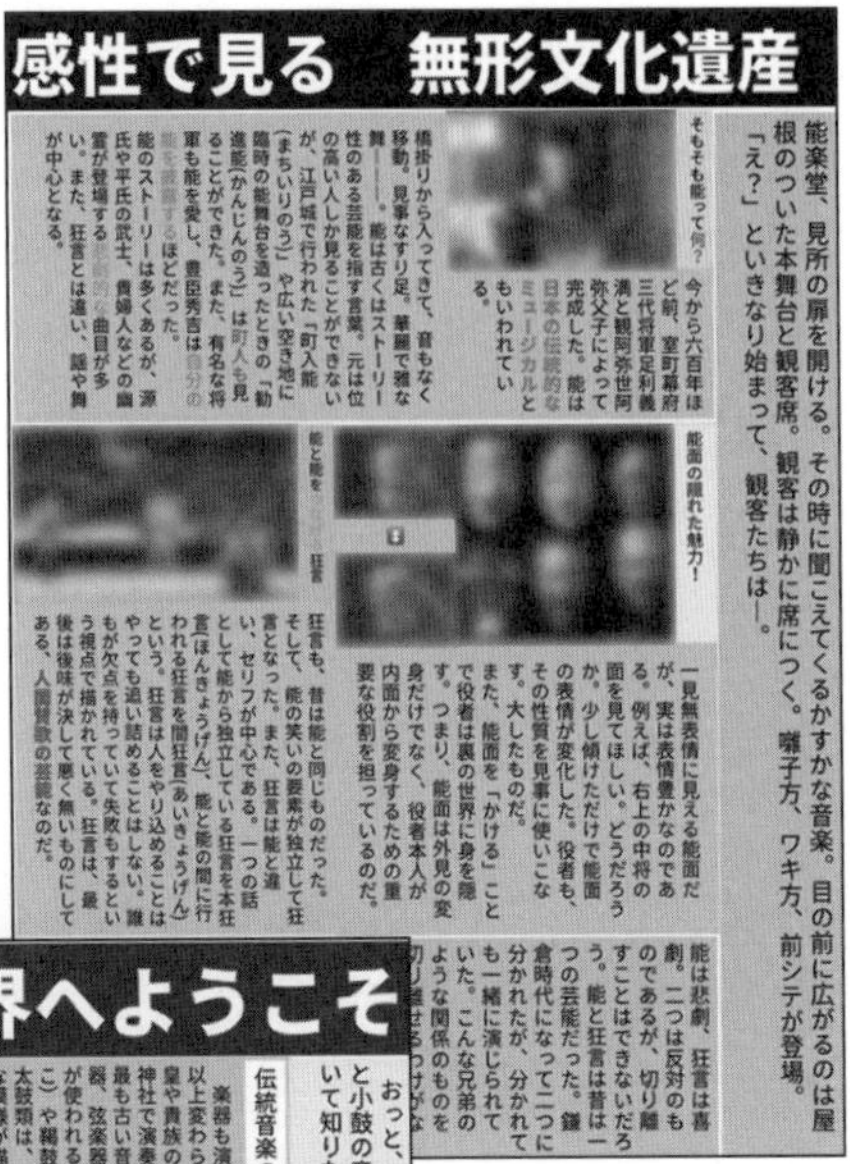

感性で見る　無形文化遺産

能楽堂、見所の扉を開ける。その時に聞こえてくるかすかな音楽。目の前に広がるのは屋根のついた本舞台と観客席。観客は静かに席につく。囃子方、ワキ方、前シテが登場。「え？」といきなり始まって、観客たちは―。

そもそも能って何？

今から六百年ほど前、室町幕府三代将軍足利義満と観阿弥世阿弥父子によって完成した。能は日本の伝統的なミュージカルともいわれている。

橋掛りから入ってきて、音もなく移動。見事なすり足。華麗で雅な舞―――。能は古くはストーリー性のある芸能を指す言葉。元は位の高い人しか見ることができないが、江戸城で行われた「町入能（まちいりのう）」や広い空き地に臨時の能舞台を造ったときの「勧進能（かんじんのう）」は町人も見ることができた。また、有名な将軍も能を愛し、豊臣秀吉は自分のほどだった。

能のストーリーは多くあるが、源氏や平氏の武士、貴婦人などの幽霊が登場する曲目が多い。また、狂言とは違い、謡や舞が中心となる。

能面の隠れた魅力！

一見無表情に見える能面だが、実は表情豊かなのである。例えば、右上の中将の面を見てほしい。どうだろうか。少し傾けただけで能面の表情が変化した。役者も、その性質を見事に使いこなす。大したものだ。

また、能面を「かける」ことで役者は裏の世界に身を隠す。つまり、能面は外見の変身だけでなく、役者本人が内面から変身するための重要な役割を担っているのだ。

能と能を　狂言

狂言も、昔は能と同じものだった。そして、能の笑いの要素が独立して狂言となった。また、狂言は能と違い、セリフが中心である。一つの話として能から独立している狂言を本狂言（ほんきょうげん）、能と能の間に行われる狂言を間狂言（あいきょうげん）という。狂言は人をやり込めることはやっても追い詰めることはしない。誰もが欠点を持っていて失敗もするという視点で描かれている。狂言は、最後は後味が決して悪く無いものにしてある、人間賛歌の芸能なのだ。

能は悲劇、狂言は喜劇。二つは反対のものであるが、切り離すことはできないだろう。能と狂言は昔は一つの芸能だった。鎌倉時代になって二つに分かれたが、分かれても一緒に演じられていた。こんな兄弟のようなものを切り離せるわけがな

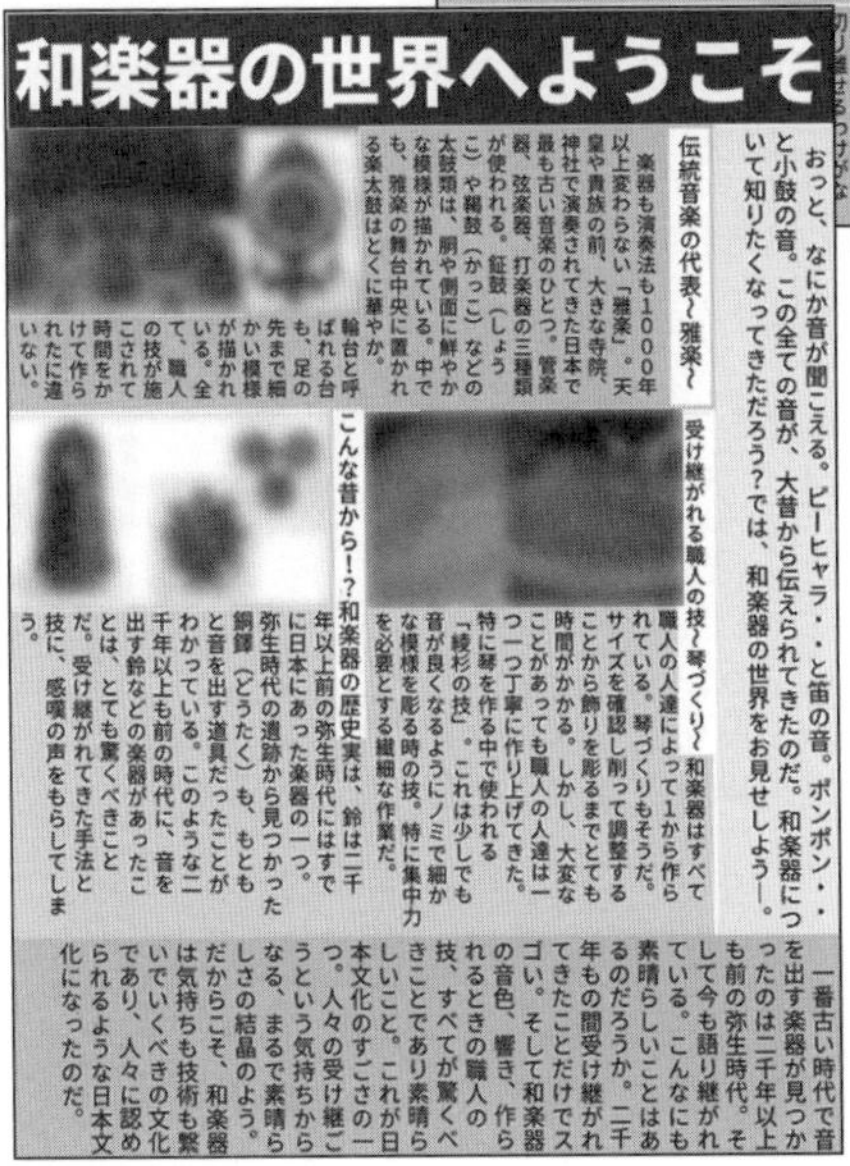

和楽器の世界へようこそ

おっと、なにか音が聞こえる。ピーヒャラ・・と笛の音。ポンポン・・と小鼓の音。この全ての音が、大昔から伝えられてきたのだ。和楽器について知りたくなってきただろう？では、和楽器の世界をお見せしよう―。

伝統音楽の代表～雅楽～

楽器も演奏法も1000年以上変わらない「雅楽」。天皇や貴族の前、大きな寺院、神社で演奏されてきた日本で最も古い音楽のひとつ。管楽器、弦楽器、打楽器の三種類が使われる。鉦鼓（しょうこ）や羯鼓（かっこ）などの太鼓類は、胴や側面に鮮やかな模様が描かれている。中でも、雅楽の舞台中央に置かれる楽太鼓はとくに華やか。

輪台と呼ばれる台も、足の先まで細かい模様が描かれている。全て、職人の技が施こされて時間をかけて作られたに違いない。

受け継がれる職人の技～琴づくり～

和楽器はすべて職人の人達によって1から作られている。琴づくりもそうだ。サイズを確認し削って調整することから飾りを彫るまでとても時間がかかる。しかし、大変なことがあっても職人の人達は一つ一つ丁寧に作り上げてきた。

特に琴を作る中で使われる「綾杉の技」。これは少しでも音が良くなるようにノミで細かな模様を彫る時の技。特に集中力を必要とする繊細な作業だ。

こんな昔から！？和楽器の歴史

実は、鈴は二千年以上前の弥生時代にはすでに日本にあった楽器の一つ。弥生時代の遺跡から見つかった銅鐸（どうたく）も、もともと音を出す道具だったことがわかっている。このような二千年以上も前の時代に、音を出す鈴などの楽器があったことは、とても驚くべきことだ。受け継がれてきた手法と技に、感嘆の声をもらしてしまう。

一番古い時代で音を出す楽器が見つかったのは二千年以上も前の弥生時代。そして今も語り継がれている。こんなにも素晴らしいことはあるのだろうか。二千年もの間受け継がれてきたことだけでスゴい。そして和楽器の音色、響き、作られるときの職人の技、すべてが驚くべきことであり素晴らしいこと。これが日本文化のすごさの一つ。人々の受け継ごうという気持ちからなる、まるで素晴らしさの結晶のよう。だからこそ、和楽器は気持ちも技術も繋いでいくべきの文化であり、人々に認められるような日本文化になったのだ。

「動作読み」で内容を理解させる習慣

「みんなは今からたんぽぽになります。そ〜れ！」

説明文の学習中に様々な方法で音読させますが、そこにユーモアの視点を入れて、楽しみながら内容を理解させる音読の仕方、それが「動作読み」です。その実践を光村図書二年「たんぽぽのちえ」で紹介します。

子どもたちが、教師の声に合わせてたんぽぽを演じます。

「黄色いきれいな花がさきます」

たんぽぽになりきった子どもたちは、ポンッと頭の上にたんぽぽを咲かせました。

「たんぽぽの花のじくは、ぐったりとじめんにたおれてしまいます」

すると、地面に倒れています。

「白いわた毛ができています」

両手を丸くして綿毛をつくっています。

音読するだけでは、何となく文字を読んでいる状態の子もいます。演じるという負荷がかかることで、教師の範読を聞き逃さないようになります。そして、内容に合った動作をします。ただ音読するより、内容を理解しようとしているのです。

「せのびをするように、ぐんぐんのびていきます」

背伸びをする子がいる一方、椅子の上に立っている子もいます。動作のズレは新たな問いのチャンスです。高さのズレは、せいを高くするたんぽぽのちえと関係します。より高くすることで種を遠くまで飛ばし、仲間を増やしていくという内容理解につながりました。

学年が進むにつれて自分を表現することに抵抗を感じたり、周りと比較したりすることが増えていきます。低学年の内にたっぷり表現することを体感させることが、高学年になったときに臆せず自分を表現できる体力につながるはずです。

学習場面でユーモアを取り入れるときは、ただの賑やかしだけで終わらないように意識しています。どうやったら興味を惹くだろう、集中するだろう、深い記憶に残るだろう、が授業のベースです。ユーモアが学習のスパイスとなり、生き生きと子どもたちを巻き込んでいく。そんな活動を理想とし、日々新たなユーモアを模索中です。

みんながニコニコ笑いながら学習したりつながり合ったりする、笑いの絶えない学級は素敵です。まずは、教師自身が楽しむことがユーモアの前提。

ユーモアは世界を救う！　いや、教室を救うのです！


（茨木泉）

周辺教材で説明文学習を〈コース料理〉に変身させる習慣

突然ですが、私は料理を食べに出かけることも、つくることも好きです。その料理に例えるとすると、単元づくりを〈コース料理〉のようにイメージしてつくっています。前菜からスープ、メイン、デザートまで一つ一つはお皿の上で完成されているけれど、全体を通しても一貫性がある。そのような意識で教材と単元をつなげるようにしています。

光村図書国語六年「『鳥獣戯画』を読む」を例にとると、「『鳥獣戯画』を読む」の周辺には、「言葉の変化」「日本文化を発信しよう」「伝えられてきた文化　古典芸能の世界」「柿山伏」という教材があります（令和二年度版）。読んでいると、これらの教材には一貫したテーマがあることに気がつきました。それは、すべて「日本文化（伝統文化）」をテーマとしていることです。教科書は、本当によく考えられてつくられていると感じます。これらの教材を「日本文化」という一貫したテーマという視点で考えることで、国語の学びとともに、日本の文化のもつ素晴らしさにも目を向けることができるのではないかと考えました。

前菜として考えたのが、狂言「柿山伏」をはじめとする古典芸能でした。狂言、歌舞伎の動画を見せることで、日本文化に少しずつ興味をもたせ、「魅力」や「面白さ」を書かせました。

　次はスープ、「伝えられてきた日本文化」のお題で、どんどん考えを出させ、イメージを広げたり深めたりしていきます。途中、どの時代からが「日本文化」なのかという話題も飛び出し、日本文化を発信するときのベースのようなものがこの授業でできあがったと思います。もちろんメインは、前述の「『鳥獣戯画』を読む」です。締めのデザートである、日本文化を発信するパンフレットづくりに向けて、高畑氏の表現（書きぶり）や文章の構成、主張を読み取っていきます。前菜から、最後を締めくくるデザートまでずっと、「日本文化」というテーマで一貫する。そんな単元を計画し、学習を行いました。

　このように、共通したテーマはないかという視点をもって、主要教材の周辺に目を向けると、つながりが見えてくることがあります。教材研究をするとき、つい、主要教材だけに目が行きがちですが、視野を広く、周辺を見渡す〈習慣〉をつくることで、一見バラバラなものが、入れ替えるだけでコース料理のように全てがつながる単元計画へと変身することがあるのです。また、教師が単元の終末部まで見通して計画する〈習慣〉をつけることでも、自然な単元の流れになるのです。


（鷹野智香）

ビブリオバトル～池上派VS鴻上派～

「メディアと人間社会」「大切な人と深くつながるために」6H

目標

2人の筆者が述べている「これからの社会を生きていく上で大切なこと」をとらえ、自分は今後メディアとどのようにつながっていくかを考えて、意見文を書く。

学習計画

1H　二つの説明文を読み、第一印象はどちらが自分にとって説得力があるか、理由とともに簡単に書いておく。単元計画を知る。
2H～3H　2グループに分かれてビブリオバトルをする。
説得力のある文章で自分たちにぴったりだ！ということを根拠を挙げて推せんする。
審判に判定してもらう。（審判はクラスで決める　8～10人）
（2Hは準備。3Hにバトルを行う。）
4H　「メディアと人間社会」　クラス学び
5H　「大切な人と深くつながるために」クラス学び
（バトルで出なかったこと）
6H　最終的に説得力があった方を決め、筆者の考えを引用しながら、自分の考えをまとめて意見文を書く（自分の経験値・個性・考え方）

六年間で学ぶ最後の説明文を、六年間の集大成にしたい。今まで学んだことを使って主体的に自分たちで分析させたい。目的意識をもって意欲的に分析できないか。クラスのチーム力も高めたいし……と、いろいろ考え三学期に「ビブリオバトル～説明文編（池上派VS鴻上派）」という単元をつくりました。

光村図書六年には、六年生最後の説明文として池上氏と鴻上氏の説明文二つが掲載されていて、両方の文章に説得力をもたせる工夫がなされています。

そこで二チームに分かれ、それぞれの説

明文を分析させました。本番では、両派が自分の説明文を推薦し、それを聞いた審判役がジャッジする、というバトル形式にしました。相手によさを伝えなければいけない、という目的意識をもつと、意欲的に文章を読むことができるので、書きぶりのよさや要旨も理解することができます。

はじめに、バトルをすることや単元最後に意見文を書くというゴールを示した上で、二つの文章を読んで自分にとって説得力があった方を選ばせます。選んだ方と理由をノートに書かせます。同時に、バトルをする際にどちらに行きたいかも書かせます（自分の考えにかかわらずどちらでも行きます、という選択肢も入れておくと、人数に偏りがあった場合に対応できます）。

次は審判を選びます。「（これまでの討論会などの経験から）審判は重要かつ公平な審判ができる人がよい」という意見が出たので、みんなが推薦して選んだ子と、やりたいという希望者で審判チームを結成しました。

いよいよ分析開始。まずは一人学び。全文をプリントしたものを渡し、どんな観点で分析したらよいかをみんなで挙げてから、観点に沿って分析させました。

一時間たっぷり一人で黙々と読み、書いて、を繰り返していました。もう一方の説明文

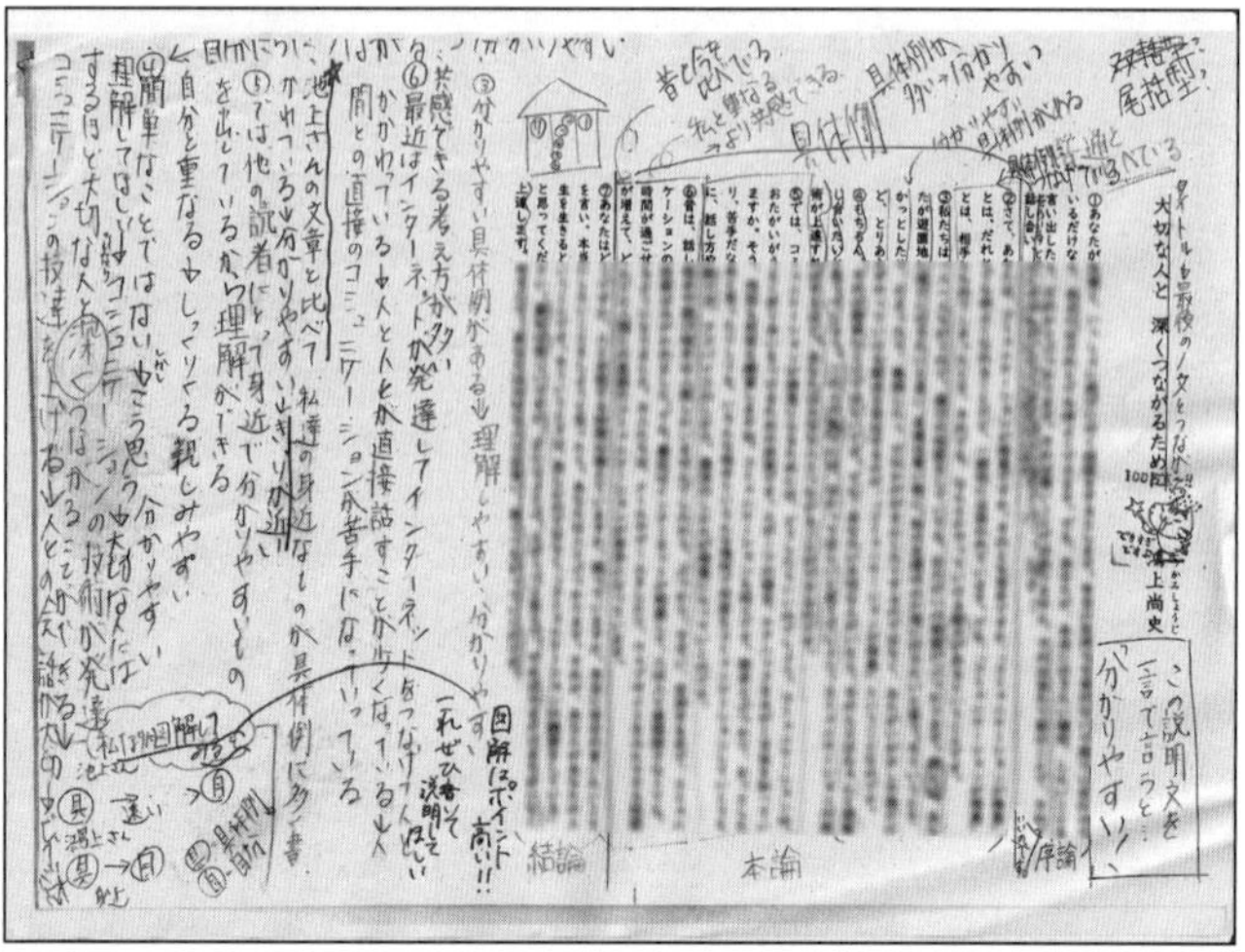

資料①一人学び用のワーク

も読みながら比較していました（資料①一人学び用のワーク）。

一人学びをした後は、チーム会議です。池上チーム、鴻上チーム、審判チームの三つに分かれて、バトルの準備です。

三部屋に分かれて会議をしたので、教師は三部屋をぐるぐる回りながら様子を見守りました。全文を印刷した模造紙を渡しておき、書き込んでいいと伝えておきました。

自分たちで司会役、板書役を決めて、まずは自分の考えを出し合い、バトルで何を、誰が、どうやって（図を使う、文章を指さすなど）言うかを決めていました（資料②チーム会議）。

審判チームは、リーダーシップのある子

資料②チーム会議

一人学びをしたワーク全員にコメントを入れ，「これ，いいね！　ぜひ紹介して！」と花丸マークをつけておきます。そうすると，全員が自信をもって意見を出せます。発言力のある子だけで会議を進めないようにする手だてを入れておくことで全員参加の会議になりました。

がいたので、任せました。様子を見に行くと、まず両方の説明文を読み取ろうと、メンバーで説明文を読んでいました。その後で、審判の判定基準を点数化して決めていました。審判は八人。司会もお願いしたら、司会原稿をつくり、司会役、計時役、メモ役、まとめを言う役と役割分担もしていました。

迎えたビブリオバトル本番！　両派とも図解を用いるなどの工夫をしながら熱戦を繰り広げました。大真面目だ

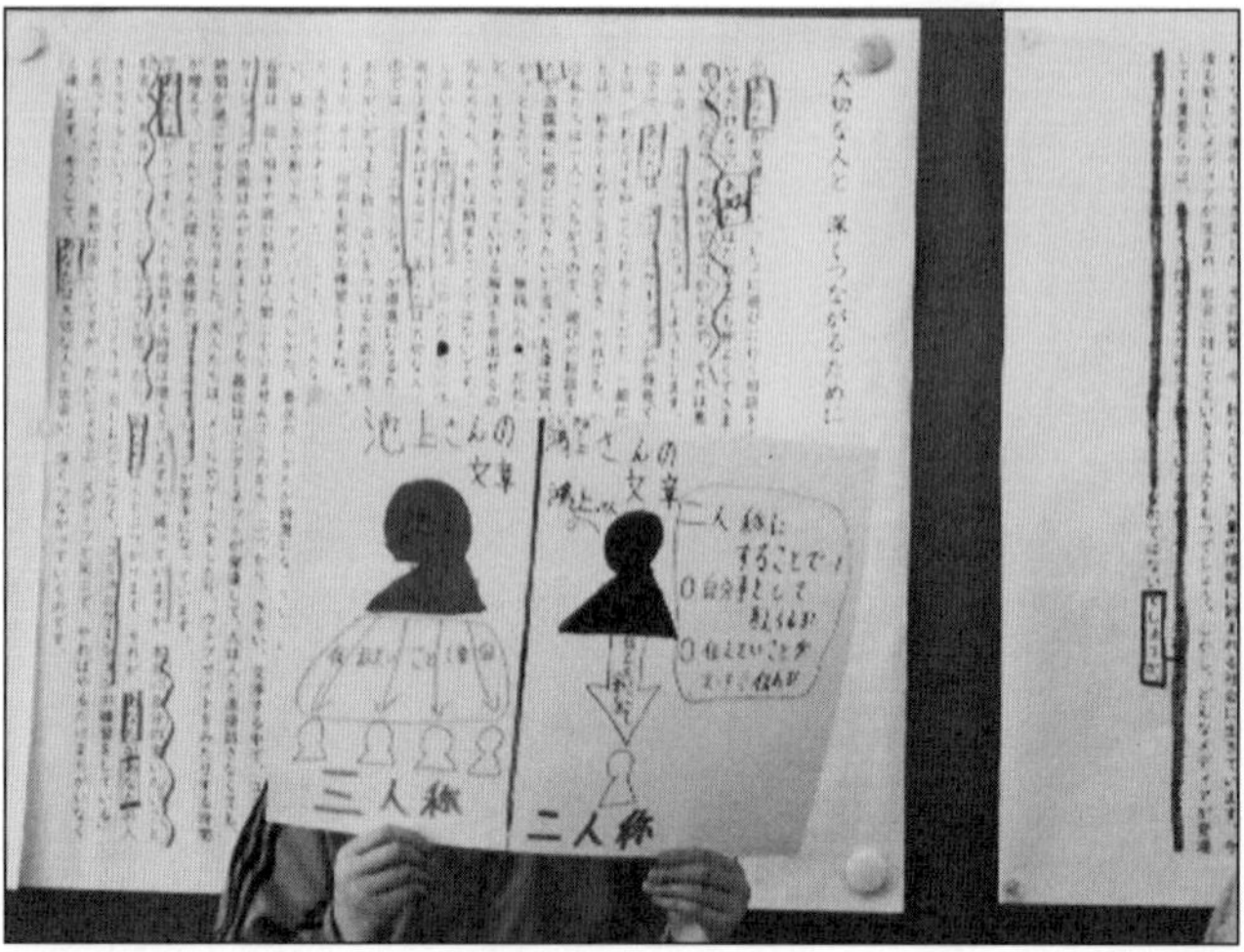

資料③バトル本番

この単元は，「ビブリオバトル」（本を紹介するコミュニケーションゲーム）をモチーフにしたものです。二つの説明文をそれぞれのチームが紹介，推薦し，より説得力のある説明文だと思った方を審判が決めるという形にしました。

けれどユーモアも忘れない子どもたち。白熱しつつも笑いのある面白い戦いとなりました（資料③バトル本番）。

「集大成の学びができ、思い出の一つになった」と振り返りに書いた子もいました。

単元の最後は意見文を書いてまとめとしました。

この単元までに一学期に「聴いて、考えを深めよう」で学級討論会、二学期には「ビブリオバトル～ポエム編～」と題して経験を積みました。子どもたちが討論形式に慣れている状態にしておきます。三月のゴールを見据えた四月からの積み重ねがポイントになると思います。夢のゴールを思い描く四月が、この授業のスタートです。

（千原まゆみ）

ICTの日常化①
ICTを使い込む習慣

コロナ禍で急速に普及したＩＣＴ端末ですが、まだまだ活用することに悩んでおられる先生方は多いです。自治体によって、端末の種類や使えるアプリの差、ルールや制限の違いなどが異なっており、それぞれの学校に合った活用を模索する中で、うまく使える先生とそうでない先生で差が生まれやすくなっています。これからの子どもたちが生きる社会では、ますます技術が発達し、情報端末の活用は生活になくてはならないものとなります。学校で、情報端末を活用し、より豊かな生活をつくっていけるスキルが必要です。

その中で私が意識しているのは、「ＩＣＴ端末を学びのツールにする」ことです。子どもたちにとって、タブレットは、ＹｏｕＴｕｂｅを見たり、ゲームをしたりと遊びのためのおもちゃになっています。これを変えるため、日常の学びの中でＩＣＴを使うことを意識しています。

①教師が板書を撮影しておく

毎日の授業の板書をタブレット端末で撮影しておきます。授業は毎日あるので、まずは教師が毎日使うことができます。授業を受けられない子には、データで板書を送ることができます。これまでは、板書を渡そうとすると、印刷する手間がかかることや、白黒の写真がほとんどでした。今はタブレットで簡単にクラス全員にカラーの見やすい板書を送ることができます。これが有効なのは、話し合いをする授業のときです。話し合いのときは、子どもから出てきた意見を似ているものや賛成反対などで教師が意図的に板書で整理する場合があります。こうした板書は、子どもがノートに写すのに適していない場合がありす。また、話し合い中にノートをとることに夢中になって、話し合いを聞き逃してしまうこともあります。こうしたときには、「今日の板書はタブレットで送るから、みんなは話し合いに集中しよう」と声をかけておくことができます。

②いろいろなものを写真で撮る

日常の中で教師も子どもも写真を撮る活動を増やしていきます。教師は、子どものノートや活動している様子を撮影します。こうして集めた写真は、記録や評価に活用することと子どもたちに見せて広めることがあります。教師が写真を活用しているところを見ている子どもたちも自分たちでやってみたいと試行錯誤をするようになります。まずは、授業の中で、写真を撮る活動を入れていきます。ノートを撮る。図工の作品を撮る。写真を撮ったものを学習共有アプリで送る。送られたものを友だち同士で見合う。

ここまでの流れを日々の中でスムーズにできるようになることを目指します。これを行う中で、ICTとして基本的な約束ごとをきちんと守れているかも指導していきます。学校によって、ICT機器についてルールが異なると思うので、それぞれの学校に合った指導を考える必要があります。

①と②は日常的に取り入れやすい活動です。まずは大人も子どもも毎日使うことを意識します。

③学級活動で活用する

私の勤務校では、タブレットは学習の道具という考えから、休み時間には基本的に使わないきまりになっているので、授業の中でいかに日常使いをするかを考えています。授業での日常使いに慣れてきたら、子どもたちにいろいろな使い方を実践する場として、学級活動の場がオススメです。私のクラスでは、特に係活動で活用しています。また、日記と連動して動画や写真などを撮影して、みんなに紹介する、ということも子どもたちから自然発生的に生まれてきました。

④選択する場面をつくる

総合的な学習の時間や調べ学習の場面では，子どもたちに使うツール，やり方を選べるようにしてみましょう。このとき，どういう基準で選択するかを示すことが大切です。私は，子どもたちに次の説明を入れています。

「教科書や本は，必要な情報が端的によくまとまっていてわかりやすくなります。情報が見つかりやすいですが，詳しく調べるには物足りないこともあります。インターネットは，情報がたくさんある代わりに，正しくないこともあるし，うまく調べられないこともあります。どちらを使うか自分の調べることと合っているか考えて使いましょう」

このような説明を入れて，子どもたちに活動させます。このとき，組み合わせて使っている子がいたり，途中から切り替えたりして，それぞれを上手に使いこなす子も見られます。こうした機器の扱いはデジタルネイティブの子どもたちの方が教師よりも柔軟です。

活動の後には，必ず今回の調べ方がどうだったか評価させます。使わせっぱなしにするのではなく，その過程を意識させることが大事です。

⑤ＩＣＴに固執しない

ＩＣＴを利用することが目的になっている授業がたまにあります。ＩＣＴは便利ですが、それが子どもたちの力をつけることに役立つかどうかは使い方次第です。ＩＣＴを使うことで授業のテンポが悪くなるようならば、その授業ではＩＣＴを使う必要がない、ということです。私も経験がありますが、何とかＩＣＴでできないかと思考錯誤していたが結局、アナログのやり方が一番効率よいということはまだまだたくさんあります。ＩＣＴの可能性を考えつつも、柔軟に方法を選べることが大事です。

⑥挑戦を放棄しない

ＩＣＴ、特に使える端末・設備・アプリは、学校・自治体の影響が大きいです。研修会や研究大会などで、その学校のＩＣＴの活用や取り組みを聞く機会があります。その際、「うちは○○じゃないから……」「ここは研究校でお金があるから」という声が聞こえてきます。これは、非常にもったいないことです。その学校の先生は、かなり苦心され、様々なところから学ばれて、そのＩＣＴの実践をつくり上げています。実践をそのまま実行することは難しくても、その先生の新しいものを追究する姿勢から自分の実践のヒントがもらえると思います。私の場合は、校内の先生にどう広めたらいいか説明の仕方を参考にしたり、アプリの使い方について他のアプリで応用できないか考えたりしています。ＩＣＴの環境は、個人で変えられるものではありません。自治体によるＩＣＴ格差は今後広がっていくでしょう。その影響を受けるのは、環境を選べない子どもたちです。今、使えるものでできることを模索する姿勢を忘れないようにしたいものです。

（松下翔）

ＩＣＴの日常化②

学習ツールとして価値づける習慣

一年生の国語、光村図書に掲載されている物語文「やくそく」の実践です。一年生が、登場人物である青虫たちの気持ちの変容を読み取るために、場面ごとに青虫たちの表情とセリフを考えてワークシートを完成させていくという単元計画を立てました。

最初の一場面で、一匹目の青虫の顔を子どもたちがかいていきます。私は、その間を回りながら、「Ａさんのいいね〜」「お、Ｂさんの面白そう！」とわざと大きな声で反応して見せます。すると、子どもたちから「どんなの？」「見せて！」という声が出てきます。

Ｔ：みんな、Ａさんのとか、Ｂさんの見たいよね？
Ｃ：うん！
Ｔ：でも、Ａさんのところにみんながいったら、見にくいから困るよね？
Ｃ：たしかに……。
Ｔ：どうしたもんか……あ、そうだ！（わざとらしく）これ、使えばいいんじゃない？
（タブレットを持ってきて見せる）

数人：あぁ！（先生ナイスアイデアという顔）

改めて、自分がかいた顔とセリフを写真で撮って送ることを指示します。子どもたちは、この時間の前に、送る練習をしているので、一年生でも自分でどんどん進めていけます。提出できた子は、友だちの写真を見て、自分のと比べたり、いいところをもらったりして、さらに自分の描いたものをレベルアップさせていきます。この授業の最後に、「みんな、上手にタブレットを使って友だちのを見て考えたり、もらえたりしたね。タブレットを使ってみんなで勉強すると賢くなるねぇ～」と今日の活動を価値づけます。ここまでするのは、子どもたちに「タブレットを使うと勉強になる」という意識をもたせるためです。

いきなり、「かけたら、タブレットで写真を撮って送ります」と指示を出してもいいのですが、今回は、子どもたちの「友だちの考えを見たい！」という思いを引き出し、タブレット活用の必要感をもたせることをねらいました。別項でも取り上げましたが、子どもたちは、特に一年生はタブレットはおもちゃという感覚が強いです。そこを学習のツールにしていくためには、こうした一つ一つの場面での積み重ねと価値づけが大事です。

（松下翔）

ICTの日常化③
うまく使い分ける習慣

次の事例は、日常的にICTを使っていると陥りやすい事例です。

三年生の社会科の「警察の仕事」の授業です。三年生は、タブレットを扱うことにも慣れてきていて、自学ノートや総合的な学習の時間の調べ学習では、自分たちが知りたいことをインターネットでどんどん調べるようになっていました。今回の授業で調べることは、「警察の人には、どのような仕事があるか」です。その際、調べる方法も確認します。使えるものは、教科書、副読本、図鑑、タブレット。「教科書や副読本は、三年生のみんなに必要なことがのっています。図鑑は、まとまっていてわかりやすいです。タブレットは詳しく調べることができます」。言葉はクラスの実態によって、変わりますがどのようなものを調べることができるかを説明した上で、使うものを選ぶようにします。この説明を聞くと多くの子は、教科書や副読本を使って、調べます。今回調べるのは、簡単な事実なので、これで十分なわけです。でも、「タブレットを使いたい」からタブレットを選ぶ子もいます。そこで、時間を「十分」と設定します。タブレットは非常にたくさんの情報を調べることができますが、子どもたちはついいろいろな情報に目が移ってしまいます。ほとんどの子が、うまく集められないか、少ない情報を集めるくらいに終わってしまいます。一方、教科書の子は、見開きの頁にたくさん見つけられます。時間をいくらでもかけてよいならばタブレットでもできますが、授業の中では、いつでも好きなだけ時間を使えるわけではありません。そうした目的や活動に応じて、本当に向いているものを選ぶ機会も必要なわけです。「タブレットは万能ではない」ということも意識しておくことが大事です。

また、このような経験だけで終わらせるだけでなく、「タブレットが輝く場面」も別の授業でとりあげます。三年生の「昔と今のうつりかわり」という単元で、「今とむかしの道具」について調べます。これはタブレットが圧倒的に向いています。キーワードに道具の名前を入れるだけで、最新のものと昔のものの説明が画像付きで出てくるので、それを活用できます。ここでは、タブレットが大いに活躍します。

このような経験を経て、活動に合っているやり方、自分に合った使い方を考え、それを選択することが大事です。

（松下翔）

教室コトバで学びを定着させる習慣

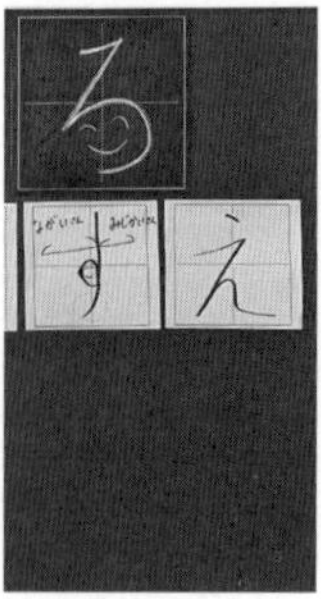

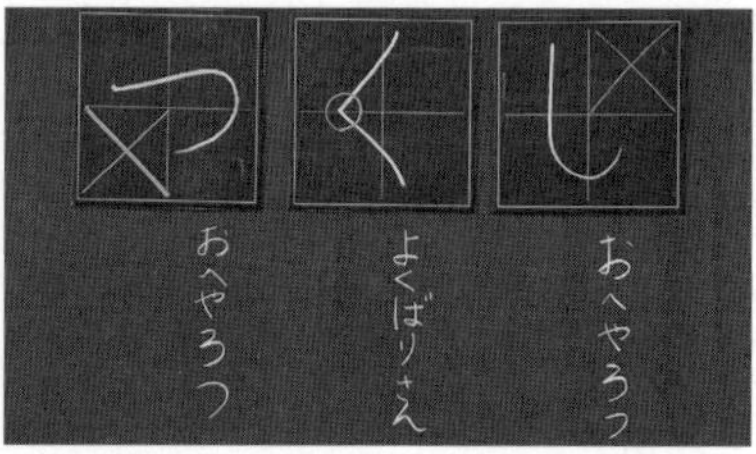

教室のマスコットキャラクターの名前から学習する設定にしました

一年「ひらがな」の実践です。

「欲張りさんだね！」

これは、使われている部屋（区切り）の数を見て言った発言です。

「『く』は横にしたら『へ』になるよ」

「『つ』を回すと『し』に似ているね」

子どもたちは気づいたことをどんどん話していきます。

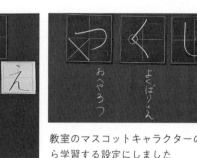

「ちょっと欲張りさん」「長いさんと短いさん」

「恥ずかしがり屋の小さい顔」「ふんわりさん」

「顔が三つ」「太っちょさん」「とんがりさん」

「ジェットコースター」

ひらがな指導ではたくさんの教室コトバが生まれました。ひらがなの形や教師が書き入れた顔を見て、みんなでネーミング

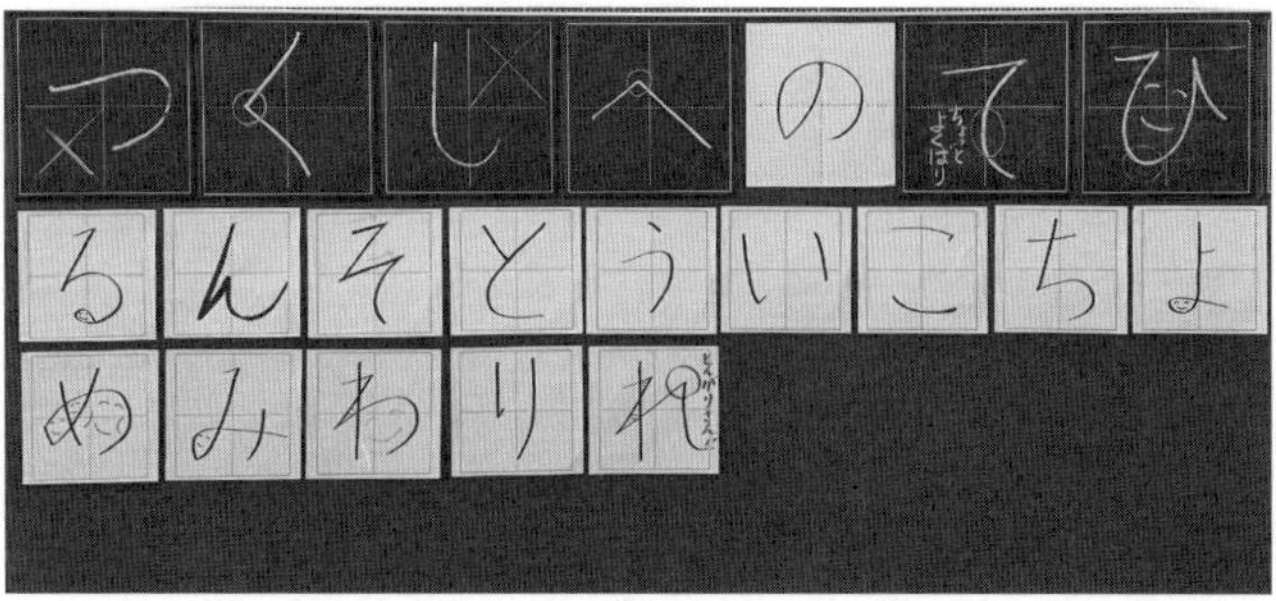

していったのです。

教師もそれらのコトバを使って、

「太っちょさんにしないでね」

「とんがりさんがいる楽しいジェットコースターにするよ」

「恥ずかしがり屋だから大きな顔にしないでね」

と指導していきます。時には、「長いさん」「短いさん」「とんがりさん」と言って音声化や動作化もします。淡々とひらがな指導をしていくより、形の特徴を考えながら練習していくので、子どもたちはたっぷり思考し、記憶に残していくことができます。

四月から気づきを共有し、教室コトバとして残していく活動を続けることで、様々なことに気づける子どもたちになっていきます。そして、何より楽しみながら学習する姿へとつながっていくのです。

（茨木泉）

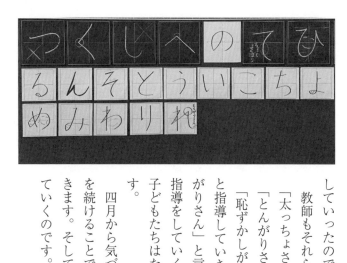

まとめの言葉を一つに限定しない習慣

みなさんは、どのようにまとめを書かせているでしょうか。

三年生の「長さの計算」の学習での場面です。kmとmの混ざった計算の仕方を考えるというのが本時の学習でした。

T：では、今日のまとめは、「長さの計算は同じ単位で計算する」です（板書する）。

―子どもたちは教師が書いたものを書き写す―

これだと、子どもたちは、教師のまとめを写すだけの受け身の学びになってしまいます。授業の中でどれだけ子どもたちが主体的になっていても、最後に先生がまとめてしまうと子どもたち自身が学んだことを最後に先生がとってしまうことになります。まとめの場面でこそ、その一時間の子どもたちの思考がそれぞれ現れるようにしたいものです。そのためには、まとめを一つの表現だけで終わらせないということが大事だと考えています。実際の授業の場面を見てみましょう。

T：では、まとめです。「長さの計算をするときは□」この続き、何を入れますか。

C1：単位！

T：単位を？
C2：そろえる！
T：いいね。他にはありますか。
C3：なおす。
C4：同じにする。
T：全部採用！（子どもたちから出てきた言葉を板書する）
C5：先生、自分で考えて書いていいですか。
T：任せます。

この授業では書き出しを指定して続きを考えさせています。空所を埋めることもあります。いずれも子どもたちから出た言葉が複数あることが大事です。自分でまとめを考えることが難しい子には、自分がしっくりくる言葉を「選ばせる」ようにしています。

こうした活動を繰り返す中で、子どもたちは言葉にこだわり、友だちの表現に耳を傾け、自分の考えを表現する術を磨いていきます。これは、社会科や国語科でも行っています。日常の授業の中で、子どもたちが言葉にこだわることで、お互いの言葉に鋭くなり、対話をしながら学びを楽しめる子どもたちになっていきます。

（松下翔）

オリジナルマークで振り返る習慣

「ふりかえり」では、授業を振り返り、学んだこと、感じたことを書きます。何を学んだかを書くことで「自分の言葉で整理する力」「感想や新たな疑問をもつ力」がつきます。私のクラスでは、「ふりかえり」のことを「ちょぼ3（さん）」と呼び、どの教科もちょぼ3を書かせます。ちょぼ3の書かせ方・鍛え方と活用の習慣を紹介します。

学びのちょぼ3

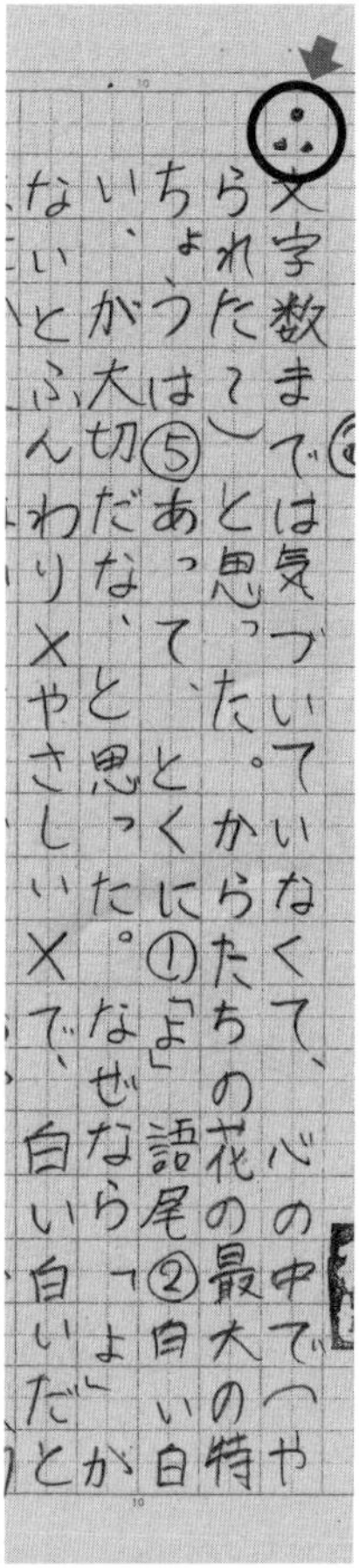
文字数までは気づいていなくて、心の中で（やられた？）と思った。からたちの花の最大の特ちょうは⑤あって、とくに①「よ」語尾②白い白い、が大切だな、と思った。なぜなら「よ」がないとふんわり×やさしい×で、白い白いだと

「ちょぼが3つあるでしょう。これは『!』と『?』と『。』の3つがぎゅーって丸まって3つの点点点になっています」。四月に、ちょぼ3マークの意味を教えます。そして「今まで授業の後に振り返りや感想を書いてきたでしょう。それと同じだよ」と言って、

安心させます。

！（びっくりした！　新しいことを学んだ！）
？（えっ、なぜだろう　ん～わからないなあ）
。（思った。考えた。想像した。）

目的に合わせて短くも書けるし長く書くこともできます。国語だけでなく、社会でも算数でも書かせます。何を、どうやって書くかがわからない、という子は年度初めに何人かいます。その子たちにも息を吸うように書けるようになってほしい、そう願って継続して書かせていきます。ですから、初めは「……と書こう」と例示したり、書き出しをそろえたりしながら少しずつ書き慣れさせていきます。

書いたものはすぐに読み聞かせたり、学級通信に載せたりしてどんどん紹介していきます。仲間の書きぶりを学ばせるためであり、仲間の考えを知ることにもなります。書いたものは紹介してもらえる、友だちの考えを知ることでまた新たな学びがもらえる。それがわかると子ども達はより意欲的に書くようになります。「先生、ひだまり（学級通信）に載せて」という子も表れます。

ちょぼ3は、授業の終わりに毎回書かせることはしません。今日は書かせたい、と決めたときにだけ書くようにします。子どもに書くことがあるときに書かせるのです。

書き方は見本を見せるのが一番です。四月は前年度に受けもった子の文章を見せます。圧倒的な分量と内容に子どもたちは驚きます。でもそれが強烈なあこがれとなり、追いつきたい、追い越したい！という意欲へとつながります。

書き方を鍛える方法として、「今日はＡＢＣ評価をします。～と、～と、～が書けていたらＡ」という評価を時々します。

Ａを超える内容を書く子も表れるので、「シェ～。ＡＡが出たっ！」と大々的に褒めちぎり、「え～っ、すごい」とみんなから拍手をもらうＡＡをとった子は、みんなから羨望のまなざしで見つめられ一躍大スターです。「大スターから一言！」と、手でつくったマイクを向けると「え～、みなさんも頑張りたまえ」なんて言う子がいて、一同爆笑です。

二学期後半になると、十分もあればノート一ページを超える子がどんどん出てきます。

基本は学んだこと＋感想を必ずセットで書かせますが、友だちの考えで印象に残ったこ

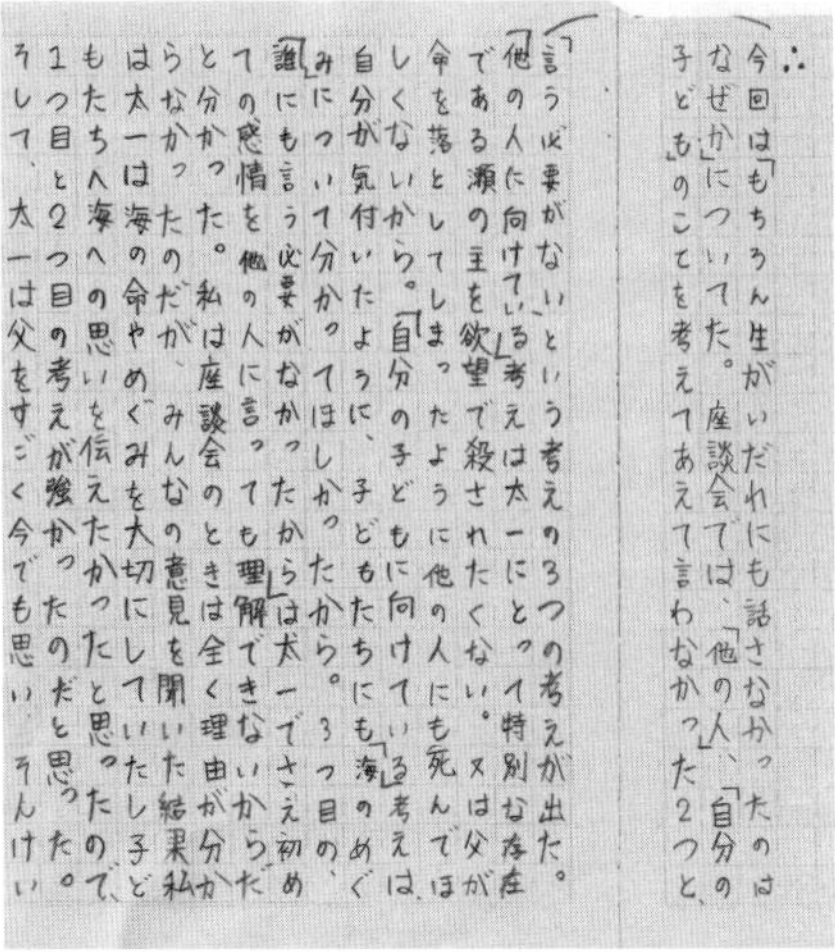

∴今回は「もちろん生がいだれにも話さなかったのはなぜか」についてた。座談会では、「他の人」、「自分の子ども」のことを考えてあえて言わなかった２つと、
「言う必要がない」という考えの３つの考えが出た。「他の人に向けている」考えは太一にとって特別な存在である瀬の主を欲望で殺されたくない。又は父が命を落としてしまったように他の人にも死んでほしくないから。「自分の子どもに向けている」考えは、自分が気付いたように、子どもたちにも海のめぐみについて分かってほしかったから。３つ目の「誰にも言う必要がなかったから」は太一でさえ初めての感情を他の人に言っても理解できないからだと分かった。私は座談会のときは全く理由が分からなかったのだが、みんなの意見を聞いた結果私は、太一は海の命やめぐみを大切にしていたし子どもたち人海への思いを伝えたかったと思ったので、１つ目と２つ目の考えが強かったのだと思ったの。そして、太一は父をすごく今でも思い、そんけい

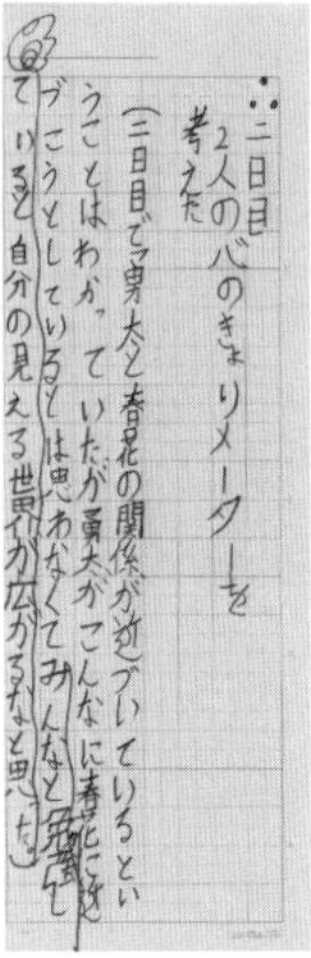

∴三日目
２人の心のきょりメーターを考えた
（三日目で勇太と杏花の関係が近づいているということはわかっていたが勇太がこんなに杏花に近づこうとしているとは思わなくてみんなと発表していると自分の見える世界が広がるなと思った）

右：四月に，書き終わりの感想がかっこいいねと紹介したちょぼ３（五年生）
左：「海のいのち」座談会後，何人もの子が休み時間もひたすら書き続けていました。写真の子は３ページ書きました。（六年生）

とや感心したことも書かせます。そのクラスだけの学びの軌跡になりますし、仲間と学ぶ価値にも気づいていきます。また、みんなの前で発言することが苦手な子も、書くことで表現する楽しさを知れば、書いて表現することを楽しむようになります。圧倒的に書けるようになると、まとめの感想文を原稿用紙十枚以上書く子が二十人以上出た年もありました。最高記録を出した子は五十九枚書きました。

（千原まゆみ）

授業記録と事後記録の習慣

明日の授業の流れを考える、板書を考える、子どもの反応を予想する……毎日毎日やっている作業ですが、私は授業前の計画だけでなく、その日の夜のうちに授業の記録、反省を書くようにしています。教師修行の一つです。

まず授業前に計画を立てます。ノートに書くときもあれば、パソコンでつくるときもあります。授業前には必ず計画を書いてその日の授業の流れ、発問を整理します。

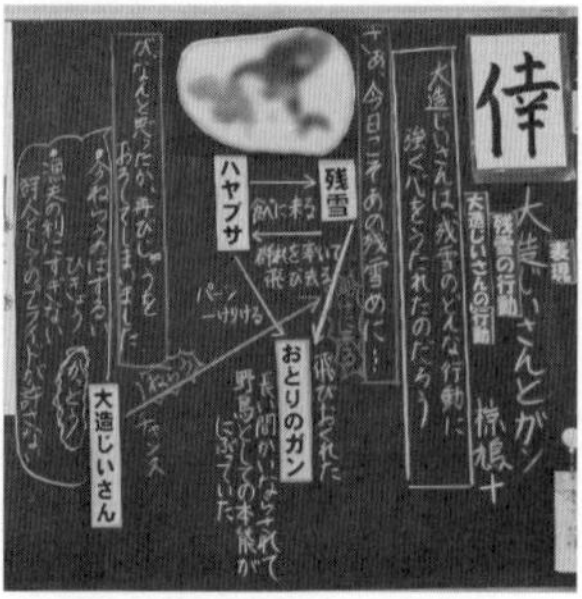

授業後、板書は写真に撮って残しておき事後の反省に使います（上写真）。座談会などの話し合いをしたときはボイスレコーダーに録音しておき、文字起こしをして、プリントにしたものを子どもに渡します。

また、子どもに振り返りを書かせた日は、数人ピックアップして、プリントにして配布し、次の日の導入に使って、前時の学びを固定させます。また仲間の振り返りから新たな学びを生むこともよくあるので、欠かさず出すようにしています（左資

「大造じいさんとガン」五年光村図書の授業

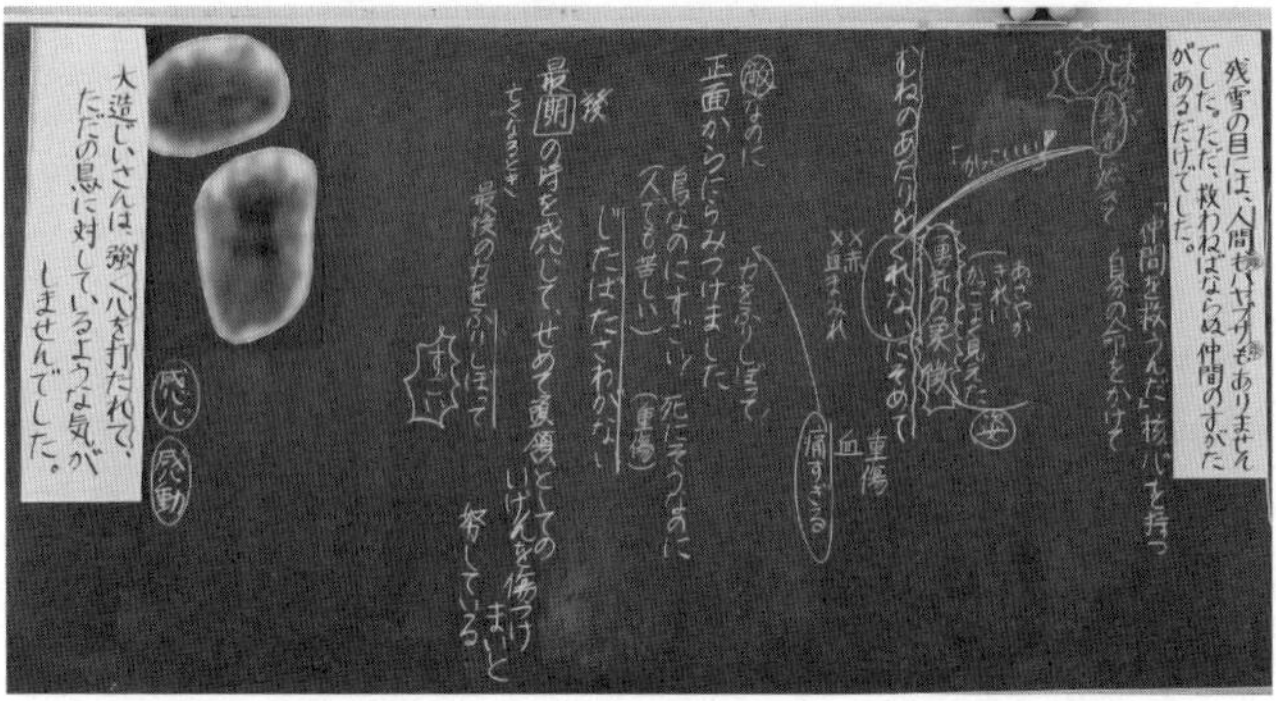

料）。

話し合いが白熱して、書く時間がとれなかった日には、板書をプリントして渡すこともありますし、「先生、今日の板書の写真ください！」と頼みにくる子が何人も出てきます。

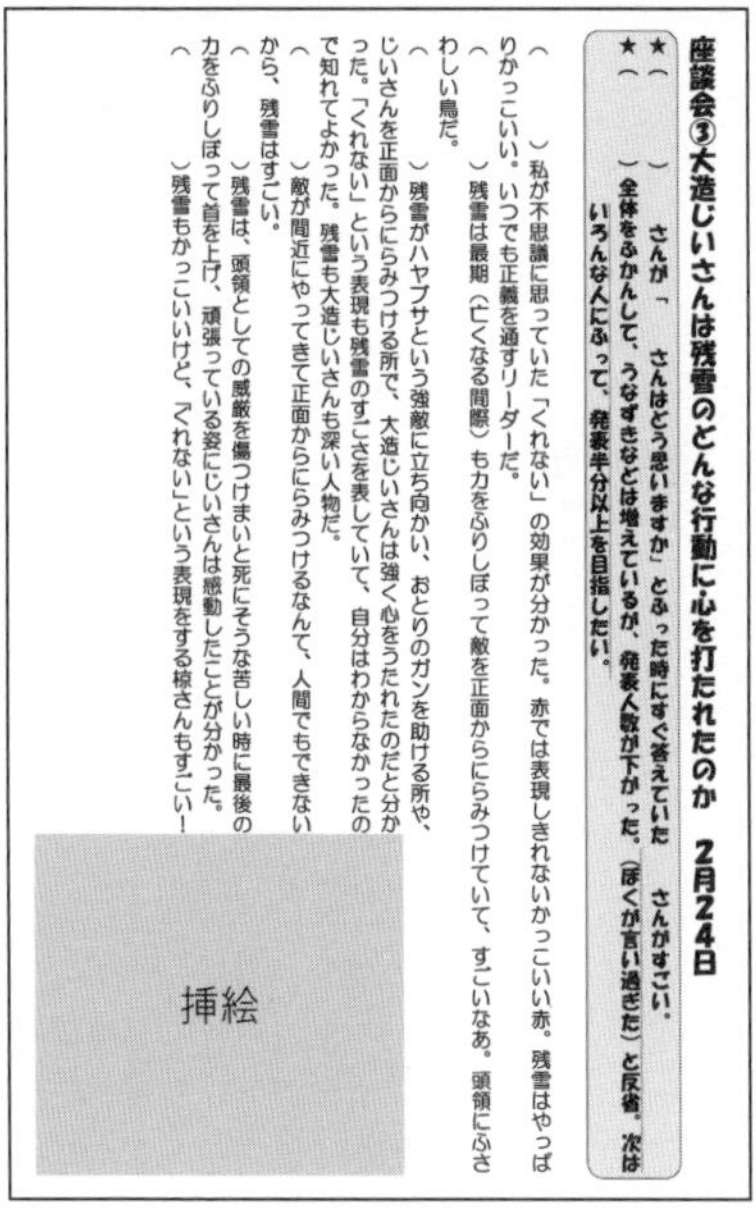

座談会③大造じいさんは残雪のどんな行動に心を打たれたのか　2月24日

★（　　）さんが「　　さんはどう思いますか」とふった時にすぐ答えていた　　さんがすごい。
★（　　）全体をふかんして、うなずきなどは増えているが、発表人数が下がった。（ぼくが言い過ぎた）と反省。次はいろんな人にふって、発表半分以上を目指したい。

（　　）私が不思議に思っていた「くれない」の効果が分かった。赤では表現しきれないかっこいい赤。残雪はやっぱりかっこいい。いつでも正義を通すリーダーだ。

（　　）残雪は最期（亡くなる間際）も力をふりしぼって敵を正面からにらみつけていて、すごいなあ。頭領にふさわしい鳥だ。

（　　）残雪がハヤブサという強敵に立ち向かい、おとりのガンを助ける所や、じいさんを正面からにらみつける所で、大造じいさんは強く心をうたれたのだと分かった。「くれない」という表現も残雪のすごさを表していて、自分はわからなかったので知れてよかった。残雪も大造じいさんも深い人物だ。

（　　）敵が間近にやってきて正面からにらみつけるなんて、人間でもできないから、残雪はすごい。

（　　）残雪は、頭領としての威厳を傷つけまいと死にそうな苦しい時に最後の力をふりしぼって首を上げ、頑張っている姿にじいさんは感動したことが分かった。

（　　）残雪もかっこいいけど、「くれない」という表現をする椋さんもすごい！

挿絵

資料　ふりかえり

子どもたちは、まとめの感想文を書くときに、ノートと板書の写真を見返しながら書いていました。

そうして、授業をした日の夜。授業後の記録（事後記録）を書きます。「～～にすればよかったなあ」「この発問では難しすぎたなあ」。授業をしてみて改善点が見つかります。それを忘れないように、すぐにメモをします。よかったことと、改善点を何個か書く。それだけなので時間はかかりません。ほんの二～三分でできます。

事後記録のメリットは、自分を振り返ることで、自分の傾向を把握し、改善できること。たとえば、「いつも時間が足らなくなるな」と盛り込みすぎるクセに気づくことができたら、焦点化して、スリム化するよう（ここは要らない）などと書いておきます。授業をしてみて気づくことや、こうすればよかったということが必ず出てきますので、それをメモしておきます。

事後記録のもう一つのメリットは、次に同じ学年を受けもったときの参考になります。例えば作成したワークシートしか保存していなければ、忘れっぽい私はまた同じ失敗をしてしまいます。それを防ぐことができます。子どもが違うので、全く同じ授業は絶対にできませんが、参考にはなりますので、事後記録はおススメです。

（千原まゆみ）

授業通信①
振り返りをアクティブにさせる習慣

「実況中継を配ります」

子どもたちは真剣に読んでいます。

私のクラスでは、授業通信のことを「実況中継」と呼び、子どもたちは授業の翌日に配られることを楽しみにしています。

「実況中継」、それは、私とクラスをつなぐ、子ども同士をつなぐ、学習をアクティブにする〈マスターキー〉です。

「実況中継」は、子どもたちが書いた授業の「振り返り」をまとめたものです。授業で全員の意見を聞きたいけれど時間が足りない。振り返りには各自が授業中思考した軌跡がたくさん書かれているのに共有できない。そんな悩みから生まれたツールです。一つの単元で四〜六枚程度書きます。

「実況中継」を配ることで、振り返りへの熱量がどんどん増していくことを実感します。「もっと書きたい」「明日まで待ってほしい」。そんな言葉が日に日に増えていきます。振り返りは相手に呼びかけるような書き方に変化していきます。それは、教師が振り返りを受け止めて還元してくれる。友だちが自分の意見を聞いてくれるという安心感があるからだと思います。友だちはどんな意見をもっているのか。自分のどのような意見が載っているのか。友だちは自分のことをどう思ったのか。クラスの学ぶ態度は成長しているのか。様々な視点で語られた「実況中継」が授業への関心を高め、次の振り返りをアクティブにしていくのです。

　次頁、次々頁にあるのは、光村図書六年「帰り道」「やまなし」の「実況中継」です。

（茨木泉）

【授業の流れ】

授業 ⬅ 振り返り ⬅ 実況中継 ⬅ 授業

光村図書６年「帰り道」

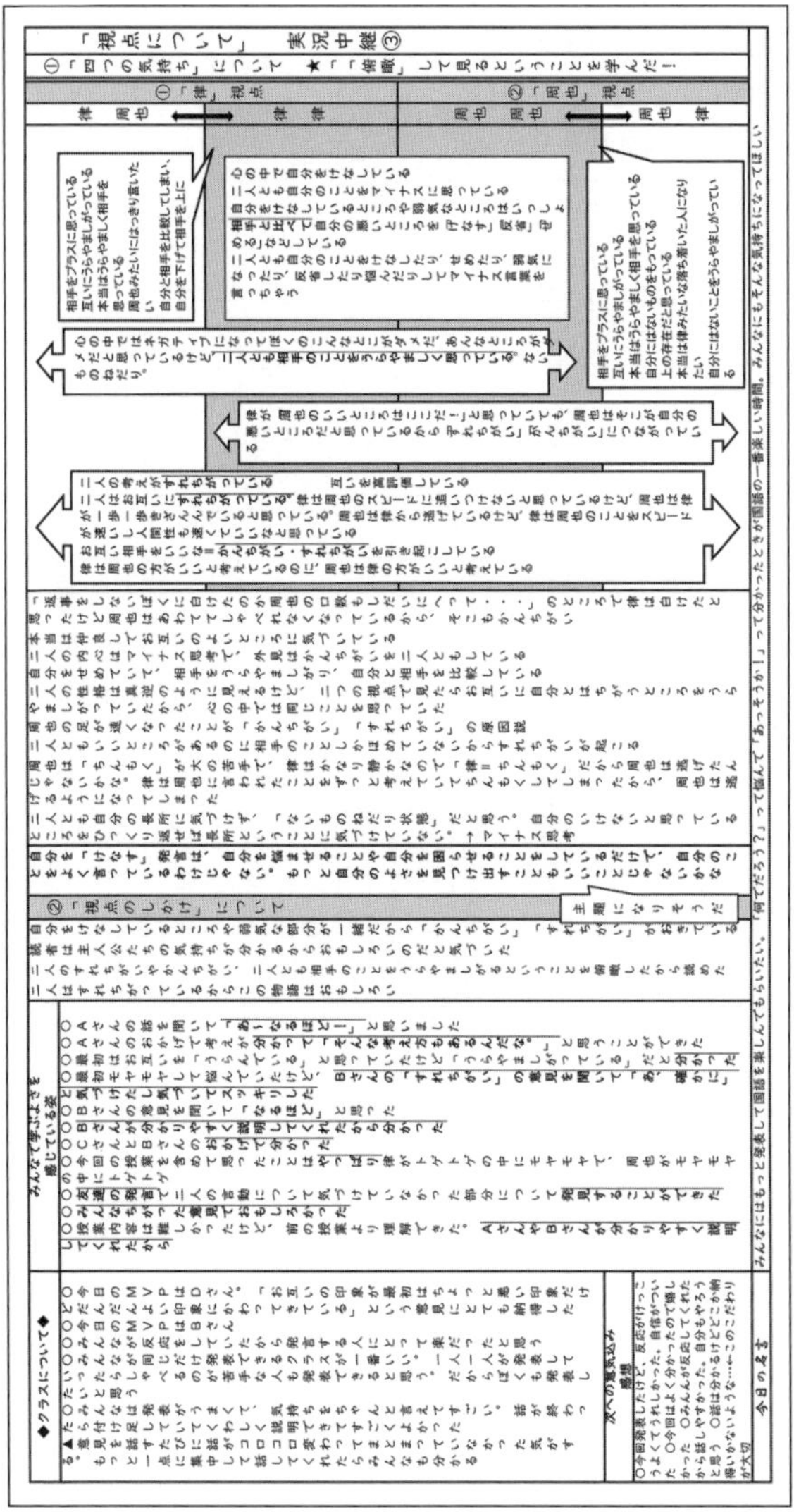
「視点について」　実況中継③
①「四つの気持ち」について　★「俯瞰」して見るということを学んだ！
①「律」視点
②「周也」視点
律　周也　律　律　周也　周也　周也　律
相手をプラスに思っている
互いにうらやましがっている
本当はうらやましく相手を思っている
周也みたいにはっきり言いたい
自分と相手を比較してしまい、自分を下げて相手を上に
心の中で自分をけなしている
二人とも自分のことをマイナスに思っている
相手をプラスに思っている
互いにうらやましがっている
本当はうらやましく相手を思っている
自分にはないものをもっている
上の存在だと思っている
本当は律みたいな落ち着いた人になりたい
自分にはないことをうらやましがっている
②「視点のしかけ」について
主題になりそう
◆クラスについて◆
みんなで学ぶよさを感じている姿
次への意気込み
感想
今日のまとめ
みんなにはもっと発表して国語を楽しんでもらいたい。「何でだろう？」って悩んで「あっそうか！」って分かったときが国語の一番楽しい時間。みんなにもそんな気持ちになってほしい

課題についての考え
課題について書かれた意見を載せる（どのような意見も載せる）。

光村図書6年「やまなし」

「十二月が表していること」についての実況中継③

「五月」	「十二月」
過酷さ	安全
残酷・過酷	安全・日常的
起こってほしくないこと	なってほしいこと
当たり前になってほしくないこと	当たり前になってほしいこと
きびしい自然・現実的なもの	宮沢賢治が思い描く理想の世界
日常の中でちょっと怖い感じ	日常にもどった⇒楽しい日常
自然の日常の中の過酷さ	自然の中でも平和な日常
残酷な自然の世界（現実）	美しくて平和な自然の世界（宮沢賢治の理想）
残酷・悲劇	安全・余裕⇒五月よりも平和になっている
残酷・暗い	かにの日常
日常茶飯事	日常！？
悲劇	喜劇
怖い・最悪な自然	ふつうの自然
残酷	安全・余裕
心配	安心⇒「かに目線」で見るとこうなる
バッドエンド（ぎみ）	日常
『かに目線で見ると』自然は最悪	自然にもいい事がある
「大変な世界」にも	「楽しさ」がある

宮沢賢治の理想。いわば「今」⇒「やまなし」が落ちてくるけど、これは「今」でいうおみやげ

明るくて平和　日常　幻想的な世界

危険な所にも安全な所、おだやかな所がある　宮沢賢治の理想の世界

楽しい（美しい）世界→「やまなし」が落ちてきて楽しそう

この物語は二つに分かれているからこそ成り立っているんだ！「五月」だけなら悲しいだけ「十二月」だけならふつうの少し不思議な話。二つが合わさるからこそ「やまなし」ができあがり、宮沢賢治の伝えたいことが分

「五月」と「十二月」は詩の「ひかりとやみ」のような感じ

『なぜ宮沢賢治はわざわざ二枚の幻灯にしたのか』→片方だけだと残酷だけの物語や日常の物語になってしまう。この物語は二つが合体することによって宮沢賢治の理想を書いている

気づいたこと

『やまなし・かわせみ目線』になってみると「五月」は魚をつかまえられていい事があるからどちらかと言えばハッピーエンド。「十二月」は木から落ちてかにに食べられそうになっているからどちらかと言えばバッドエンド。登場人物によって終わり方が変わってくる。「五月」は食べられるのを「見ている側」「十二月」は「食べる側」に変わっているのも大きなちがい

十二月だけ見てもあまり楽しさがあるとは思えない。大切なのは五月と十二月を「対比」することでちがって見えるのは、「十二月」が平和（何もないただの日常）なのに、あまりにも「五月」が悲惨だっただけ。「五月」の悲しい雰囲気を感じたままの状態で「十二月」に入ったから明るく（ふつう）感じた

真逆ではなく「ちがうところがちょっとある」だ。「五月」がバッドエンドには納得できるけど、「対比して考える」と十二月がハッピーエンドになってしまう。それだとやまなしが流れていくのが幸せということになると思うので何だかちょっとちがう

Bさんが言った、「真」逆「真」反対の「真」じゃないというのにすごく納得。「真」がついたらすごい逆やすごい反対という意味になってしまう。そんなに五月と十二月は反対じゃないから「真」はいらない

魚が食べられるよりやまなしを食べる方が残酷さがなく、やまなしの方が描写がきれいで明るい

対比したとき出てくるのは、「どちらの方が宮沢賢治の理想に近いか」と「ちがい・差」だと思う。「十二月」だけを見るとただの日常で大したおもしろみや変化がない。逆に「五月」だけだと悪いこと続きでバッドエンドになってします。だから両方ないとだめ

必ず気づかせたい意見
課題について上手にまとめてある意見や，次の授業につながるような，記憶に留めて置きたい意見を強調させる。

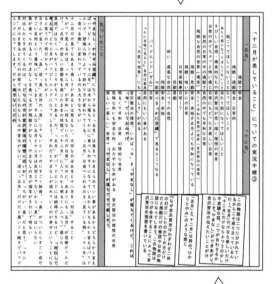

クラスの
学びの習熟度
クラスの学び方を評価し合うことで，次の授業の対話の仕方が変化する。

新たな視点（気づき）
新たに気づいたことを載せる（授業で深まった部分）。

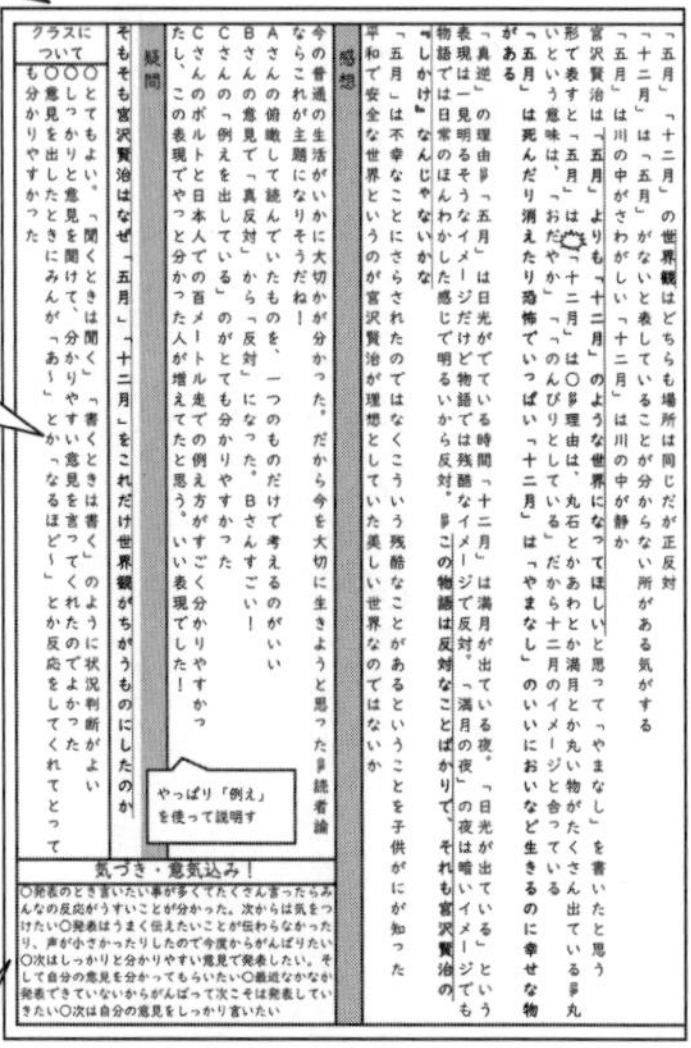
「五月」「十二月」の世界観はどちらも場所は同じだが正反対
「十二月」は「五月」がないと表していることが分からない所がある気がする
「五月」は川の中がさわがしい「十二月」は川の中が静か
宮沢賢治は「五月」よりも「十二月」のような世界になってほしいと思って「やまなし」を書いたと思う
形で表すと「五月」は　「十二月」は○』理由は、丸石とかあわとか満月とか丸い物がたくさん出ている』丸いという意味は、「おだやか」「のんびりとしている」だから十二月のイメージと合っている
「五月」は死んだり消えたり恐怖でいっぱい「十二月」は「やまなし」のいいにおいなど生きるのに幸せな物がある
「真逆」の理由』「五月」は日光がでている時間「十二月」は満月が出ている夜。「日光が出ている」という表現は一見明るそうなイメージだけど物語では残酷なイメージで反対。「満月の夜」の夜は暗いイメージでも物語では日常のほんわかした感じで明るいから反対。』この物語は反対なことばかりで、それも宮沢賢治の『しかけ』なんじゃないかな
「五月」は不幸なことにさらされたのではなくこういう残酷なことがあるということを子供がにが知った
平和で安全な世界というのが宮沢賢治が理想としていた美しい世界なのではないか

感想
今の普通の生活がいかに大切かが分かった。だから今を大切に生きようと思った』読者論
ならこれが主題になりそうだね！
Aさんの俯瞰して読んでいたものを、一つのものだけで考えるのがいい
Bさんの意見で「真反対」から「反対」になった。Bさんすごい！
Cさんの「例えを出している」のがとても分かりやすかった
Cさんのボルトと日本人での百メートル走での例え方がすごく分かりやすかったし、この表現でやっと分かった人が増えてたと思う。いい表現でした！
やっぱり「例え」を使って説明す

疑問
そもそも宮沢賢治はなぜ「五月」「十二月」をこれだけ世界観がちがうものにしたのか

クラスについて
○とてもよい。「聞くときは聞く」「書くときは書く」のように状況判断がよい
○しっかりと意見を聞けて、分かりやすい意見を言ってくれたのでよかった
○意見を出したときにみんなが「あ～」とか「なるほど～」とか反応をしてくれてとっても分かりやすかった

気づき・意気込み！
○発表のとき言いたい事が多くてたくさん言ったらみんなの反応がうすいことが分かった。次からは気をつけたい○発表はうまく伝えたいことが伝わらなかったり、声が小さかったりしたので今度からがんばりたい○次はしっかりと分かりやすい意見で発表したい。そして自分の意見を分かってもらいたい○最近なかなか発表できていないからがんばって次こそは発表していきたい○次は自分の意見をしっかり言いたい

「今日の MVP は A さんです」と，授業の起点になった友だちについて書かれる。

1回の実況中継で必ず全員の名前が載るようにする（全ての意見の下には誰の意見かがわかるように名前が書いてある）。

授業の感想や意気込み
授業に対する自分自身の姿勢について振り返り，次の授業に生かしていく。次の授業でこの部分ができていたら，すかさず褒める。

必ず気づかせたい意見
課題について読み取らせたい意見や「世界観」など，残したい国語用語を強調させる。

授業通信②
授業をアクティブにさせる習慣

「実況中継」は授業の翌日に配り、読む時間を確保します。読むときも、思考を促して授業へつなげていくことが大切です。「なるほどと思った意見・疑問に思った意見に線を引く」「一つだけ紹介するとしたらどれを選ぶ」「線を引くとしたらどこに引く（項目の中で意見を意図的に分類して記載しておく）」など、読む視点に従って読ませていきます。

読んだ後は視点に沿って共有し、物語ブック（学習した記録や資料を蓄積していくもの）に貼っていきます。

「やまなしの実況中継③を見てください。Aさんが……って言っていましたよね」と、授業中に「実況中継」を使って説明し出した瞬間は心の中でガッツポーズです。

低学年では、大量の文を載せることは逆効果になる恐れがあるので、見やすく、そしてわかりやすいことを心がけます。そのため、次頁のように文量を減らし、クイズ形式（1 2 3）にします。教師が読み聞かせながらクイズを出していくので、楽しみながら押さえたいポイントについて思考させることにつながります。

授業の翌日に配る「実況中継」は、鮮度が命の生鮮食品と同じ。出すほど授業への意欲

光村図書２年「スーホの白い馬」

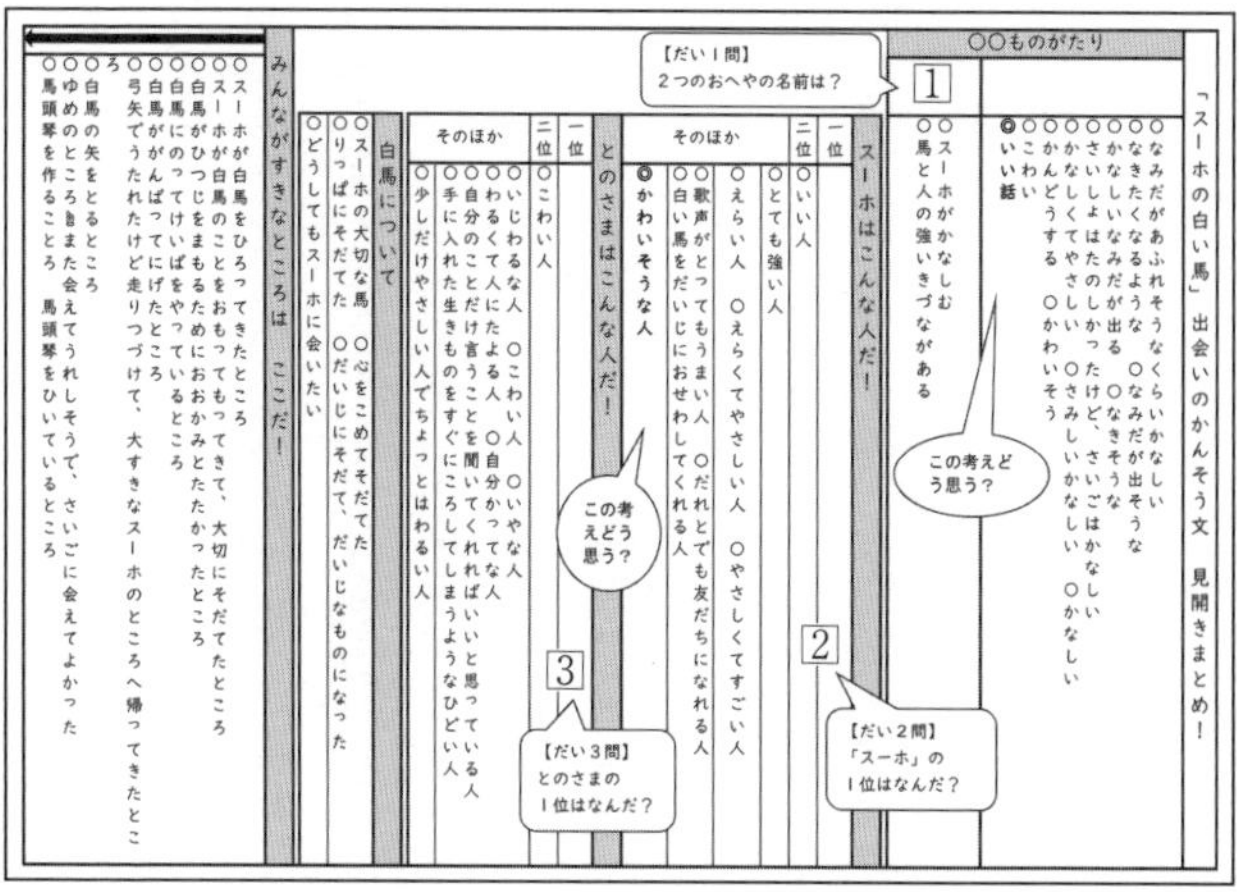

「スーホの白い馬」出会いのかんそう文　見開きまとめ！
〇〇ものがたり
〇なみだがあふれそうなくらいかなしい
〇なきたくなるような　〇なみだが出そうな
〇かなしいなみだが出る　〇なきそうな
〇さいしょはたのしかったけど、さいごはかなしい
〇かなしくてやさしい　〇さみしいかなしい　〇かなしい
〇かんどうする　〇かわいそう
〇こわい
◎いい話

スーホはこんな人だ！
一位
二位
そのほか
〇いい人
〇とても強い人
〇えらい人　〇えらくてやさしい人　〇やさしくてすごい人
〇歌声がとってもうまい人　〇だれとでも友だちになれる人
〇白い馬をだいじにおせわしてくれる人
◎かわいそうな人

とのさまはこんな人だ！
一位
二位
そのほか
〇こわい人
〇いじわるな人　〇こわい人　〇いやな人
〇わるくて人にたよる人　〇自分かってな人
〇自分のことだけ言うことを聞いてくれればいいと思っている人
〇手に入れた生きものをすぐにころしてしまうようなひどい人
〇少しだけやさしい人でちょっとはわるい人

白馬について
〇スーホの大切な馬　〇心をこめてそだてた
〇りっぱにそだてた　〇だいじにそだて、だいじなものになった
〇どうしてもスーホに会いたい
みんながすきなところはここだ！
〇スーホが白馬をひろってきたところ
〇スーホが白馬のことをおもってもってきて、大切にそだてたところ
〇白馬がひつじをまもるためにおおかみとたたかったところ
〇白馬にのってけいばをやっているところ
〇白馬ががんばってにげたところ
〇弓矢でうたれたけど走りつづけて、大すきなスーホのところへ帰ってきたところ
〇白馬の矢をとるところ
〇ゆめのところ自また会えてうれしそうで、さいごに会えてよかった
〇馬頭琴を作るところ　馬頭琴をひいているところ

は確実に増し、振り返りを書く量が増えていきます。大量の振り返りを読み、評価してまとめていくことは気の遠くなる作業です。しかし、回数をこなすうちに見え方が変わっていきます。大量の文章の中に、浮き上がってくる主張が見えるようになり、二時間くらいでできるようになっていきます。まとめているうちに次の授業プランが明確になっていくことも実感できます。

子どもたちは、授業では聞けなかった友だちの考えに触れ、さらに学習を深めていきます。他者から見た自分やクラスの様子を知り、授業への取り組み方そのものが変わっていきます。「実況中継」を通して子ども同士をつなぎ、励ましていく。私の授業への情熱はここに凝縮されています。

（茨木泉）

モチベーションアップの習慣

学力が身についていても、テストに対するモチベーションが低ければ、最終アウトプットである解答用紙に残念な結果が現れてしまいます。空白欄が多く見られたり、記述問題を放棄しないまでも、十分な解答に至らなかったりする状況です。

モチベーションは、高学年のクラスではなかなか上げにくいことが多いものです。学校全体で標準学力アップに取り組む場合、低・中学年でしっかりとモチベーションをつくる必要がありそうです。長期的な視点で、学校のカリキュラムを整えるとよいでしょう。

「テストで全力を出せる習慣を今のうちからつけておこう！」

と伝え続けます。今後、人生で何度も対峙することになるテスト。人生の節目で訪れるテスト。真剣に向き合い、自分の力を出し切るという方向で、テストの重要性と今後のテストで自分を出し切る身体づくりをしていこうと呼びかけます（条件反射的に全力が出せる習慣づくりです）。

「百点をとれる人ってどんな人？」

とたずねると、いろいろな答えが返ってくるでしょう。

「間違わない人」、「×がなければ百点！」

という答えが出れば、テストに対する構えがつかめています。毎日の宿題やプリントの間違いを必ず修正していく。同じ間違いを二度としないと習慣づけられている人が百点をとれる人です（テスト返しの度に繰り返して伝えます）。

「じゃあ、テストを間違わない人ってどんな人？」と突っ込むとさらに深く考えられます。

「ふだんから、同じ間違いを繰り返さない人」といった答えが出れば本質が見えてきます。「ふだんから、廊下を走ったり、忘れ物をしなかったり……。全てはつながっているのかもしれませんね」とまとめることができます。


普段のいろいろな場面でも、間違わない、間違ったことをしないことを心がけると、「道は自ずから正しくなる」ような気がします。間違わない習慣＝正しい方に進んでしまう習慣は、最強の習慣かもしれません。

（藤原光雄）

スキルアップの習慣

サッカーや野球の試合では、自分たちの地元で戦う「ホーム」と敵地で戦う「アウェイ」があります。普段の単元テストを「ホーム」とするなら、全国学力・学習状況調査や標準学力テストはどうでしょう？ 「アウェイ」ということになってしまわないでしょうか？

「学力テストを『ホーム』にするにはどうすればいいだろう？」

過去問題などに取り組むことは、「アウェイ」を「ホーム」に変えていくことだと思います。テストの出題形式や解答形式になじんでいると、「あ、この感じね……」といつもの感じでテストに向かえるのではないでしょうか。冊子の問題、別紙の解答。慣れていない状況では、おそらく心理的に違和感を覚え、集中力が余計なところに削がれていって、本当の実力が出し切れないような気がします。テストの形式に慣れ、「ホーム」にしてしまい、リラックスした状態で力を出し切れるようにしたいものです。

形式的なホーム感に加えて、「時間的」「問題的」なホーム感もあるでしょう。

「時間的」なホーム感とは、四十分の間に七問の大問題があるならば、大問一つあたりに使える時間は多く見て六分弱ということになります。普段から大問題一つに対して六分以内で解く時間の感覚を肌で感じていないと、ホームの感覚にはならないということになります。問題に取り組む場合、時間を区切って時間内にどれだけできるかを体感しておくとよいでしょう。

「問題的」なホーム感とは、普段は見慣れた単元の内容（国語では何時間も読み込んだ教材本文）のテストです。しかし、学力テストではおそらく初見の問題文に挑んでいくことになるでしょう。それゆえ、普段から初見の問題に出会う機会を設けて、〈一読で題意をつかむ感覚〉を身につけておく必要があります。宿題や朝学習などで、時間制限の下で初見の問題にチャレンジする機会をつくることを心がけます。

そして、このように問題練習をした後、すぐに答え合わせをします。どこが難しかったか、どうすれば解けるのか、手がかりやヒントをどう見つけるかを共有しながら答え合わせをしていきます。みんなでテストに挑む感覚と、問題に対する解き方を見つける嗅覚とも言えるスキルを磨き上げていきます。

（藤原光雄）

学びの筋力アップの習慣

「この時間中に、原稿用紙十枚書こう！」という研究授業を行ったことがありました。全員が十枚を書くための手だては十分に工夫しましたが、全員が書けませんでした。原因は想定外の点でした。

「先生、手が痛くて書けません……」

そうです。原稿用紙十枚を書く手の「筋力」がなかったのです。それ以来、日々の授業で書く筋力を鍛えることも考慮に入れるようになりました。「フィジカルの書き慣れ」です。

学力テストの最後にあるのは百字ほどの小作文です。この問題を余裕で書き終わるぐらいの手の筋力＝痛くならない日常の書く力がないと、答案を書きあげる時間に影響を与えてくるかもしれません。

記述解答に関しては、書くことに慣れる「フィジカルの書き慣れ」も必要なのです。一方で「ロジカルの書き慣れ」もしておく必要があります。作文の簡単な下書きくらいなら、メモを書く時間はとれるかもしれませんが、「下書き→清書」では時間をかなり費やしてしまいます。そのため、題意を汲みとって、条件に合った作文を頭の中で、すばやく組み立てて書くことができるように、「ロジカルの書き慣れ」もしておく必要があります。フィジカルとロジカルのバランスのよい作文経験を重ねていくことが大事ではないかと思います。

一学期で三百枚書いた子がいます。作文力をつけたいなと思っていた矢先、男子の数人で作文の枚数を競うことがブームになりました。二百字ほどの原稿用紙に、半分にも満たない八十字ほどの短作文をたくさん書いて枚数稼ぎをしていました。でも五分ほどの間に五枚の作文を書くのですから、すごく「書く力」が育っていたのだと思います。

さて、クラスの書くことへのレディネスはどれくらいできあがっているでしょうか？
「いまから作文を書きます！」と突然作文用紙を配ってみるとよくわかります。
「百マス作文？　楽勝！」と、なれば、準備万端と言えると思います。百字を書く「フィジカル」と「ロジカル」に加え、「メンタル」も備わっているということです。

（藤原光雄）

すごくあたりまえに聞こえるのですが、「学力テストは教科書の範囲から出題されます」。少し表現を加えると、「学力テストは教科書のすみずみから出題されます」ということになります。

国語で見てみると、学年の軸となる「物語文」「説明文」を学習することだけでは、標準学力は定着しにくいということです。主要な物語文・説明文の前後にある様々な教材から、学年に必要な国語力をつけていくことが大切になってきます。漢字の知識・理解や辞書や資料の見つけ方、活用の仕方、メモのとり方、メモを使った作文、発表の原稿のつくり方や発表の工夫など、学年で定着を求められる学習内容はたくさんあるということです。

このような〈コラム教材〉を数時間の配当時間で定着させ、学力テストで解答できるようにするにはどうすればいいのでしょうか？

そのためには、学力テスト問題に答えられるように教科書内容の理解度を練習問題で確認していく必要があります。問題を通して理解を深めていく感じです。教科書の目指す学びのエッセンスを汲み取って、単元の学習を組み立て、定着を確かめるという、緻密なマネジメントを行っていくことが必要です。

算数では、頁下の小さく囲まれたコラム記事や発展的な活動、補充問題も押さえておく必要があります。ここに教科書の基本内容の理解を別の角度から問う重要な問題が配置されていたりします。

教科書のすみずみから問題を引っ張ってきて、解くための観点や、学習内容の使い方、説明の仕方、説明の記述の仕方の「型」を示したり、記述のパターンを示したりしながら、学習内容を深めていくように教科書を使い倒す習慣が求められます。

算数も、国語も、大きな基本例題・問題、まとめ問題のさらりとした学習だけでは、標準学力の出題範囲をカバーできるものではないように思います。すみずみまで残さず、おいしく学ぶ見通しを、教師がもっていることが大事ではないかと思います。

（藤原光雄）

学力マネジメントの習慣

学力テスト直前までの取り組み〈ロードマップ〉を時系列で整理してみたいと思います。

1　一学期は標準学力に限らず、クラスの実態を把握します。弱いところを補強するとともに、「テストに必要な基礎体力」を、スモールステップで育んで行きます。漢字力が弱い場合、継続的に繰り返し取り組んでいきます。書く力が弱い場合、書く動機づけ、書く楽しさまで立ち戻り、積み重ねていきます（書く力は、楽しむ→短文→組み合わせ・構成といった段階を想定して伸ばして行きます）。

また、ヒアリング＝聞きとりテストも単元テストを活用したり、日ごろのスピーチで「今のスピーチで伝えたいことは何だった?」「いつの話だった?」と短期記憶を活性化したりしながら、力をつけていきます。

算数ではまず計算力、日ごろの定着具合を見て、一斉授業・学び合いの授業の特性をうまく使い、理解力・問題の解き方をつけていきます。計算力ではどの部分の計算が弱いのかを見て、長期的に補強して行きます（過去にさかのぼりできないところをつぶしていきます）。

2　二学期は、出題形式に慣れる、時間制限に慣れる取り組みを加えて行きます。朝学習や授業中のミニコーナー、宿題プリントなどで解き慣れをしていきます。学び合い学習を活用したりしながら、問題の解き方を共有し、わからない子を減らしていきます。全員が問題の解き方を教えられるようになることを目指していきます。

国語では初見の問題を時間内で読む・解く・書くの練習を重ねたり、算数ではよく出る問題の定着をさせたりしていきます。

3　直前一週間は、本番に近いテスト形式で、実際の時間制限内でどのように解答できるかを試していきます。特に低学年の場合、冊子型の問題や解答を別紙に書くという作業は、普段の単元テストとはかなり異なるものです。学力以前のところでストレスがかからないようにしたいものです。

あとは「どれだけの力がついたのか、全力で試してみよう！」と、最後までモチベーションを維持していきましょう。

（藤原光雄）

自学を学級づくりの柱にする習慣

「先生、冬休みの宿題にログはあるんですか!」。冬休みの宿題を配っているときに子どもから出た言葉です。わたしの学級では自学ノートを書くことを「ログ」と呼んでいます。ログとは記録のこと。自分自身の学びの記録やそのとき調べたかったものを記録するという意味で使っています。私は「机に向かう習慣をつける」「相手意識をもってノートづくりすること」「学級づくり」のために、自学ノートに取り組ませています。

森川先生の学校へ初めて行ったときに、衝撃が走りました。教室掲示されている自学ノートの数々。子どもたちが嬉々として取り組んでいることが紙面からも伝わってきました。自学に取り組ませることは「楽しませること」――そこに大きな学びがありました。

自分の楽しいことならば、自然に机に向かうことができる。宿題が苦手な子でも、自学なら喜んで机に向かう。机に向かうという行為を習慣化させることが第一の目的です。また、自学をする上で大切なのは相手意識です。自学だから、指導は必要ないという考えもありますが、私はレイアウトや伝え方、題名の書き方などを指導していきます。評価もつけます。評価をつけるから子どもたちは燃えます。頑張った分、評価をするから、子どもたちは次回も頑張れるのです。そして、学級づくりです。自学はその子のパーソナルな部分が出ます。好きな食べ物、趣味、習いごと、行ったことのある場所、得意な科目の勉強。そのノートが教師と子どもをつなぐアイテムとなります。

また、勉強がしんどくても「自学なら！」と頑張る子がいます。それは自分自身を表現する場所だからです。さらにその子のノートを仲間が見たときに、「これいいな！　真似したい！」「面白い題名！」など、その子のよさを仲間同士で見つけることができます。

ある日、教室で自学をやっていた際、落ち着かなかった子が、静かに作業していたことがありました。「むちゃくちゃ静かやん」「頑張ってるやん！」。教師やみんなから褒められて「エッヘン」です。また別のときには、担任したある子どもが「ログって遊びなんだよね。遊びながら勉強する。【遊勉】だよ」と話してくれました。子どもは遊びの天才、どの子でも自学なら活躍することができるのです。さらに、友だちの自学から学び、自分の学びや学び方をよりよいものにしていく。そして、教師の声かけや関わり方で子どもたち同士がつながり、自学を通してクラスも成長していく。自学が学級づくりの柱の一つとしてなりえるのです。

※自学指導については、森川正樹『小学生の究極の自学ノート図鑑』（小学館）を参考にしています。（藤原薫）

自学をエンターテインメント化する習慣

私の学級の自学の進め方は、ノート見開きを一日分として、七日〜十日の間に一つ自学を仕上げてくるというイメージで進めています。

エンターテインメント化するといっても、ただ楽しいだけは少し、物足りません。【学びのある】エンターテインメント化です。

①「やってみたい！」と思わせる

自学を始めるにあたって、出会いは肝心です。四月末、学級が安定してきたころ、子どもたちを「早くやりたい！」「まずはこれから調べてみようかな！」という気持ちにさせることが大きな一歩と考えています。そのためには圧倒的なものを見せることです。自学のイメージをもたせるのです（前述の『小学生の究極の自学ノート図鑑』（小学館）の実物を見せるのが効果的です）。私は最初、自学のサンプルがなかったため、百科事典などを提示しました。百科事典は、見開きでイラストが大きくのっているので、低学年でもわかりやすいです。

②自学道場を開く

テレビに一人一人の自学を写し、評価していきます。よいところ、改善点などをテンポよく進めていきます。子どもたちは自分の自学が全体にどのような評価をされるのかワクワクしながら待っています。そして、教師が称賛することによってクラスの雰囲気もよくなります。

③「ログ（自学）グランプリ」を開催する

自学がどうすれば上手になるのか、その観点をみんなが共有し始めたら、グランプリを開催します。「タイトル賞」や「イラスト賞」「ていねい賞」などクラスに応じて、各部門賞を決めていきます。そして、その合計点数で、グランプリ作品を選出します。大変盛り上がりますし、よりよいものをつくりたいという気持ちから自学がさらに上手になります。

④自学ノートコンテストに応募する

森川正樹先生が審査をされている「究極の自学コンテスト」に応募します。全国にはたくさんの強者がいます。コンテストのサイトにはたくさんの受賞作品が載っています。それらも参考にしながら、イメージを広げてどんどんよりよいものをつくっていきます（第2回と第3回の自学ノートコンテストで学級賞をいただきました）。

（藤原薫）

「宇宙」「もち」テーマは様々です。それぞれの個性で，いろいろな作品と出会えます。子どもたちが作品を見合いながら，みんなで成長していきます。

自学を教師の成長を促すエンジンにする習慣

自学に取り組ませていると、得なことが多いような気がします。それを得ととるか、なにげない日常にするか、もちろん〈得〉をとりにいきます。

得① ささいな喜び：自学を閉じて提出させる

ささいなことですが、自学ノートを閉じて提出させるとよいことがあります。教師がノートを開くとき、開く前のワクワク感、開いた後の感動……一挙に押し寄せてくる感じです。「これは時間かけてつくっただろうな」「ここが成長したな」、自学を見ること自体の喜びが増すのです。

得② 感謝される

「うちの子、自学だけは一生懸命やるんです」「自学に夢中で、ずっと調べものしています」、保護者の方からそんな喜びの声をたくさんもらってきました。ある年には担任していた妹さんの自学をみんなで見てよさを伝えたこともありました。自学をすると「先生ありがとう」とよく言われる気がします。いろいろ大変な教師という職業ですが、そんな一言を言ってもらえるだけで、また頑張れます。

得③ 〈眼〉が養われる

自学は必ず評価します。評価するから、子どもたちはまた次も頑張ろうと思います。そのためには、教師が評価する観点を何個ももつことが大事です。タイトルの工夫などはもちろん、小見出しの工夫や、自学内での振り返りの質まで……。評価の観点は様々です。毎回ノートを見るたびに、そのノートのよさが瞬時にわかるようになります。自学をすることでノートを〈見る眼〉が養われます。そうなれば、普段の教科学習のノートづくりにも役に立ちます。箇条書きで書いた方がいい、図解が使える、ふきだしを入れて仲間の意見を書こう、など自学で培われた見る眼が普段の授業の声かけにも活かせるようになるのです。

得④ つながる

自学を通して、同僚とつながることができます。異学年であっても、自学を見せ合い、子どもたちにも紹介することで教師自身もまた新たな観点を得ることができます。また、自学をしている他校の先生とお互いの作品を交流することもあります。「クラスどうですか？」のような感じで、名刺代わりに「自学やってます？」なんて言葉が出る……素敵なことだと思います。

自学は子どもたちを成長させるエンジンとしてだけでなく、教師の成長を促すエンジンともなりえるのです。

（藤原薫）

毎日が楽しくなる！

関係づくりの習慣

Chapter3

「わお！」で子どもとつながる習慣

「先生、見て！　ノート、めっちゃきれいに書けた！」

「今日、誕生日やねん」

「〇〇くんが叩いてきたあ」

「先生、水筒のお茶でまわりがびちゃびちゃ……」

教室を歩いていると、子どもたちがいろんな言葉をかけてくれます。

そんなときどんな声をかけますか？　私は「わお！」と反応して、一旦ためるということをよくしています。「わお！」と、ちょっとびっくりした反応をするメリットは次の通りです。

①周りの子を巻き込める

子どもたちが聞いてほしいことがあって声をかけてきたときには
「わお！」「すごいねえ。どうやって書いたん？」
「わお！」「おめでとう！　お祝いするの？」
などと大きく反応しているうちに、他の子が「どうしたん？」と声をかけてきます。そうしたらしめたもの。会話はそちらにゆずってフェイドアウトしていきます。

②子ども自身が考える「間」をつくることができる

何かトラブルがあって声をかけてきたときにも「わお！」（この場合は少し抑えめで）。この時点では、まだ詳細がわかっていないことがほとんど。子どものテンションのままに受け止めると、怒りが倍増……なんてこともあります。だからできるだけ、何気ない感じで「わお！」と反応することで、ちょっと子どもの勢いをそらす感じです。

その後「何があったの？」「どうしたい？」とゆっくり聞いていきます。

③自分自身が冷静になれる「間」をつくることができる

床が水浸し。全然予想と違う答えがきた！

そんな「困った！　どうしよう……」という状態でも、「わお！」と唱えると（心の中でだけでも）不思議とちょっとだけ冷静になれる気がします。演じているかのように、自分を俯瞰して次の一手を考える、そんな間をつくることができるのです。

「わお！」、なかなか使い勝手のよい言葉です。

（山岡真紀）

子どもの中の「答え」を大切にする習慣

みんながお弁当を食べているときに少し離れた場所にいて、「お弁当の中で何が好き？」などと話しかけても答えがあまり返ってこない……次々質問をすればするほど緊張しているのがわかる、そんな子どもと会話するときに使っている方法です。

それは「わかった！　当てるわ！」と自分がクイズの解答者になった感じで振る舞うこと。ちょっと大げさに自信満々に言うのがコツです。こんな感じです。

「お弁当、何が好きなん？」

「……（無言）」

「わかった！　当てるわ！　（真剣に考えるふり）ふりかけやな」

（ちょっと意外な物を言ってわざと間違うことも。）

これだと子どもは、「うん」か「ううん」を言えばよくなります。しかも出題者側に立っているので、どちらを答えても、ちょっと得意げな感じになります。

「ブブー、違います」と言ったり首をふったり、やり方は様々ですが、何か反応を示してくれる割合がググッと高まります。ニコッと表情も緩む気がします。

違っているという反応だったら「おかしいなあ、わかったと思ってんけどなあ……じゃあ玉子焼き？」などと会話を続けます。

あっていたら「やっぱりな、先生は何でも当てられるねん。二位は唐揚げやな」「ブブー、当たってへんやん」などと続けることもあります。

ちなみに、この方法は教室で遠足の作文を書くのに手が止まっていて、どんな動物が心に残っているかを聞いてもなかなか反応がないときなどにも使えます。

T：思い出に残っている動物いる？

C：……（無言）。

T：わかった！　当てるわ！　マンドリルやな。

ずっと不正解続きのときは「めっちゃ難しい、ヒントちょうだい」「大きい？　小さい？」「色は？」などと聞き、少しでも反応があったところから会話をつなげていきます。

大切なのは〈言葉にできない子にも答えがある〉と信じること。そしてそういう子こそ、本当はコミュニケーションを求めているのではないかなと思うのです。

解答者になったつもりでの全力の会話が「あなたの中にある答えを私は大切に思っているよ」のメッセージになったらいいなと思っています。

（山岡真紀）

エピソードを「瞬間冷凍」する習慣

森川先生が語られる子どもたちの日常の姿のやり取りは、さっきあった出来事かのようです。小さなメモ帳をいつも携帯されて、そこに書きためておられるとのことでした。そのように書きためることで、「瞬間冷凍」されていらっしゃるから、生き生きとしたエピソードになるのです。私も、日々の子どもたちとの楽しいエピソードや自身のうまくいった切り返しなどを、森川先生のように書きためようと思ったのが平成二五年でした。

私は、大きめの付箋に「子どもの名前、何の時間に、発言やとった行動」とエピソードをメモしています。それをその日か週末にまとめて「ポメラ」（キングジム）に打ち込んでいます。打ち込むときには、匿名で付箋に書いた状況を打ち、そのとき、自分自身はどう声かけをしたか、それによって子どもたちはどんな反応をしたかも記録します。それを毎月サークル（教師塾「あまから」）のレジュメに載せて、森川先生やサークルのみなさんに読んでいただいてきました。

エピソードを書きためるようになって、まるで「エピソードの神様」が子どもの素敵な面に光を当てて引き合わせてくれるかのように、より出会えるようになりました。あと一歩早く通りすぎていたら子どもたちの素敵な場面に出会えなかった出来事に出会うことが何度もありました。どのエピソードも宝物です。

今まで全学年の担任をして、エピソードを読み返してみると、低学年と高学年では、エピソードの活用方法に違いがあることに気づきました。低学年は、すぐに「解凍」して「○○さんは、△△の時間、こんな素敵な行動ができていたよ」と褒めます。一方、高学年は「解凍」はすぐのときもありますが、多くの場合は何ヶ月後、時には学期をまたぐ場合もあります。高学年はすぐよりも「先生はあなたの頑張りを知っているよ」という気持ちをこめて伝えた方が心に届きやすいからだと思います。

このように書きためて、平成三一年三月で、933エピソードたまりました。あともう少しで一〇〇〇エピソードが目前となってきた頃から、サークルでは、「エピソードが一〇〇〇たまったらお祝いしましょう」と言っていただいていました。そしてとうとう令和元年九月に一〇〇〇エピソードたまりました。サークルの先生がサプライズでケーキをご用意してくださり、みなさんにお祝いしていただきました。現在も継続して、エピソードを書きためています。

（田上尚美）

エピソードで個別対応を叶える習慣

　エピソードを書きためていると、子どもたちのよくない行動や発言があったとしても、冷静に対応できます。一旦立ち止まって、その子に対して書きためたエピソードを頭の中で検索します。「○○さんは、前にもこんなことがあって、そのとき、話を聞いたらお家であったことがもやもやと心の中にあったなあ」と思い出せます。そして「何かいやだな、心配だなと思っていることある？」と聞くと、自分の心の中をぽつりぽつり話し出すということがありました。今、目の前の「やらない」という姿は、やりたくないという直接的な気持ちの場合もありますが、多くの場合はそうでない可能性が高いです。そんなときに教師がどう声かけをするかで、「やる」「やらない」の押し問答が続く延々とした戦いになるか、「やらないと」と子どもが自ら思って行動できるようになるかに分かれます。私は日頃から書きためている「エピソード」に立ち返ることによって、教師も子どもも笑顔でいられます。私になくてはならない、頼りになる心のよりどころです。

　初めて二年生を担任したときの三学期の始業式。移動するために廊下に並ぶように指示しました。そのときのエピソードです（先頭の数字はエピソードの通し番号です）。

(69) 始業式に行く時間になりました。「廊下に並びましょう」と言うと同時に、三人の子どもが「おれは行かへん」と座り込みました。ピンチ。一人ずつ講堂へ足を向かわせました。

【一人目】「行くとか行かないとか選べないよ。それよりも、戸締りして、助かるわ」と窓や戸の鍵をかけてもらいました。

【二人目】「はい、廊下に並びましょう。何か困ったことあった?」と聞くと、「並ぶ場所がわかりません」。「よく言えたね、ここやで」とその子が並ぶ場所に連れて行きました。ちなみに一番前です、四月から。

【三人目】「はい、行くよ～　先生の隣ね」と手をつないで列の先頭に。その頃、戸締まりがおわり、教室の鍵をしめて、無事に講堂へ向かえました。二、三分の出来事でした。

これまでのエピソードを頭の中で検索。一人目の子はみんなのためになることをすることが大好きな子。二人目の子はわからない、できそうにないことがあると、全てしなくなってしまう子。三人目の子は甘えたい気持ちであふれている子でした。「並びなさい」ではない、三人それぞれの心に届く指示や対応を行うことができました。エピソードでお互い毎日幸せです。

（田上尚美）

エピソードをプレゼントする習慣

忙しい毎日ですが、ぜひ先生方にもエピソードを書きためていただきたいです。エピソードを書きためることでみんなが笑顔でいられます。書きためたエピソードはプレゼントします。幸せのおすそ分けです。プレゼントする相手は校内の先生方と保護者の方々です。

まず、校内の先生方へのエピソードの渡し方です。

ある日の放課後の職員室で、私が前年度担任していた子どもが図画工作の時間全く何もしなかったということを話してくださりました。全部聞いた上で、「わかります。でも、〇〇さんはする前からできないと決めつける傾向にあります。だから、『前に、苦手だけど自分で絵のサイズを決めて仕上げたって田上先生から聞いたよ。今回はどうする？　自分で決めてもいいよ』と伝えてはいかがですか」と、エピソードをもとにどう接したらいいかをお伝えしました。「〜してもいいよ」と選択肢があることが大切です。「〜しなさい」より、先述のように話しかけると子どもたちの心が安心します。さらに子どもたちの心だけではなく、先生の心も安心できます。

このように、日頃からプレゼントすることもありますが、学年末にピックアップして新学期の引き継ぎで、新しい担任の先生にプレゼントすることもあります。「こんな明るく学年の引き継ぎをできたのは初めてです」と言っていただいたことがありました。

次に、保護者の方々へのエピソードの渡し方です。懇談会や電話のときに渡します。

・同じ掃除場所の友だちが欠席していた子に、「一人でいける？　自分のところ終わったら一緒にするね」と、今、声をかけられたうれしいなという瞬間に一緒にしようと声をかけるのが上手なFさん。

・異学年が集まって活動をするとき、低学年の子をそっと列の前に誘って、見やすいようにしてくれたTさん。

・欠席者がいて給食当番が足りないことに気づき、当番に加わってくれたYさん。

どれも一瞬の出来事で、見逃してしまう可能性が高かった行動を保護者の方に伝えると、どの方も「そんな一面があるのですね」と驚かれていました。

日々子どもたちと接する中で大切にしている相棒のような言葉の一つに〈困った子は困っている子〉があります。大人になったときのためにも、困っていることを言葉で伝えられる子どもになれるように接したいです。保護者の方には、我が子のいいところを知ってもらいたいという思いでエピソードをプレゼントします。

（田上尚美）

あの子の「誰にも負けない」を見つける習慣

人には誰しも得手不得手があると思います。私もそうです。引き継ぎのときや放課後の職員室で「あの子、どうしたらいいか悩みます」と言われている子どもの場合、多くは、その子の不得手の面が目立ってしまっています。そんな子どもたちも、必ず誰にも負けないものをもっています。そこに「スポットライト」をあてられるのは日々一緒に過ごしている担任の先生しかいません。様々な教科領域に取り組む中で、いつの日か、「こんな特技があったとは！」「こんな考え方ができてすごい」というものがきっと見つかります。そんな特技や頑張りが見つかったら、それを活かすことができる行事や学習の際に活躍できるようにして、まわりの子どもたちが知らなかった一面に出会わせて、「○○さんはこんなすごいところがあったんだ」と発見させたいものです。

これまで私は、様々な家庭環境にある子どもやこだわりをもった子どもたちに出会ってきましたが、ある年、こんな子がいました。常に落ち着きがないその子はタブレットが大好き。気がつけば、今しないといけないことをしないで、タブレットで何かをしていることが多かったです。このような態度でいるので、どうしても注意が多くなります。だから目立ってしまいます。

そんなある日の音楽の時間。そのときはやってきました。学期末にリコーダーテストをする曲を三曲発表しました。その子はリコーダーが苦手で、自分ができそうな曲がないという反応でした。次、その子に目をやると、みんなはリコーダーで練習をしている中、鉛筆を持っていました。「なぜ？」と思いましたが、「どうしたん？」と聞いてみました。するとちょうど運動会の時期だったので、配られた「運動会の歌」の歌詞と楽譜付きの紙に必死でドレミを書いていたということがわかりました。これならできるという曲を見つけていたことがわかりました。諦めない姿に感動しました。今の段階で吹きたい曲を練習していたみんなに、「〇〇さんは諦めないで自分ができることを探して挑戦して、すごいね」と伝えました。

リコーダーテストの当日。その子は吹き切りました。

吹き終わった瞬間、クラスは拍手喝采。

その子は下を向きながら、にっこりしていました。

その姿を見て、とてもうれしい思いがしました。

（田上尚美）

「キラーフレーズ」を探す習慣

これまでに出会った子どもたちの中に、口数が少なく、自分の気持ちが伝えられずに嫌なことがあったらすぐに暴れる子どもがいました。最初は力で止めていたのですが、そのうち、この言葉でふと我に返ることができる「キラーフレーズ」で止められるようになりました。それは、「料理」。「暴れるのを止めさせるのが『料理』？」と思われると思います。

実はその子のお家の方は飲食店を営まれていて、その子自身も料理が得意だったのです。お家で料理をしているという話を本人や懇談のときに保護者の方から聞いていました。暴れ出しそうになったら、私は落ち着いた声のトーンで「けがをしたら、料理できないで」「料理できる人はきっと心穏やかな人やろうな」など、「だから、（暴れるのは）やめよう」という声かけをしました。

暴れてしまったのは、何か怒りの気持ちがわくような出来事があった場合もありますが、それだけではなく、今、やらないといけないことをどうやったらいいかわからなくて、それを言葉にできなくて、やらない、暴れるということもあります。だから、そんなとき、私は「何か困ってることある？」と聞くこともあります。そうすると、何に困っていたのかということをぽつりぽつりと話してくれます。そうしたら、褒めポイントです。「今度からは、今みたいに、先生に気持ちを言葉で伝えてや」と言います。言い続けます。一回言っただけではできるようにはなりません。そう思って、過ごしています。

他の人から言われたことや、怒られて無理矢理させられたことはなかなか定着しません。でも、自分自身で心の底から「こうしないといけないな」と思ったことは、他の人から言われなくてもずっとし続けることができると思います。同じするなら、自分から正しい行動をとることができるようになってほしいものです。そんなときに、その子に合った「キラーフレーズ」を探して、導きましょう。「キラーフレーズ」の見つけ方は、日頃、子どもたちと話し、得手不得手を見つけていると、見つかります。見つけたことは、メモをして、〈ここ！　今！〉というときに伝えられるようにしましょう。

（田上尚美）

「北風と太陽の精神」で子どもと接する習慣

甲子園を目指す彼は、とても丁寧な字を書くのですが、勉強は苦手でした。宿題もしてこない日々が続いていました。「宿題、何でしてこないの」と言ったり、放課後に残したりするのでは、ずっと言い続けたり、残し続けたりしないといけません（その対応が間違っているというわけではありません。放課後残って、先生と過ごしたいから、わざと宿題を忘れてきているという子どももいるからです）。

そこで私は、得意な野球で将来もスポットライトをあてられ続けてほしいという思いを込めて、次のように語りかけました。

「将来、○○さんがプロ野球選手になったときに、テレビで特集が組まれた。そのときに、『小学校時代は、やりたくないことはしない少年でした』ってナレーションが出てしまうと先生は悲しいなぁ。『勉強も（野球と同じくらい）頑張ってました、兄弟想いの優しい心の持ち主でした』ということを伝えてもらいたいなぁ」

こう言うとその後、彼なりに苦手な算数も取り組み、宿題もしてくるようになりました。常に私が心がけていることは「北風と太陽の精神」です。どんな言葉をかければ、自ら正しい行動をとることができるかを子どもの数だけ考えている毎日です。

よく知られている「北風と太陽」の話なのですが、太陽が暑さで旅人自ら上着を脱がせたのは、二番目の話で、一番目の話があったと言われていたことをご存じでしょうか。実は、一番目に旅人の帽子を飛ばすやり取りがあったそうです。北風は強い風で帽子を飛ばしたのですが、太陽は強い日差しを旅人にあてる方法をとりました。しかし、旅人は、日差しがまぶしくて、より帽子をかぶってしまって脱がせられなかったそうです。

この話を教育に置き換えると、時には、北風のように、子どもに接することもあります。子どもが、どんなに嫌だと言っても、時間がかかっても、しないといけないものはしないといけないから取り組ませるということが必要です。しかしベースは、太陽のように子どもにどんな言葉をかければ、子ども自ら行動できるか、かける言葉にこだわって考える機会を多くとれるように過ごしたいです。

（田上尚美）

学級通信①

教師の言葉に想いをのせる習慣

「先生の学級通信って毎日読みたくなる！」

私の学級通信は、子どものためにつくっています。対象は子ども：保護者＝８：２の比率でしょうか。

私は子どもたちを価値づける言葉や、子どもたちがクスっと笑えるエピソードなどを盛り込みながらつくっています。そして、学級経営をしていく上で自分がこうなってほしい、という願いをもちながら伝えていくことも意識しています。いくつかご紹介します。

①早く並ぶ人（願い：さっと早く並んでほしい）
通信への載せ方……早く並んだ人の名前を載せる。

②整理された棚（願い：教室をきれいにしてほしい）
通信への載せ方……整理された棚や整然と並んだ机の写真を載せて、「なぜ、教室をきれいにするのか」を文章で語る（もちろん、子どもたちにも考えさせることもある）。

③授業風景（願い：授業規律を意識させたい）

通信への載せ方……肘を伸ばした挙手や、背筋の伸びた座り方、チャイム着席の様子の写真、テープ起こしのダイジェスト版を使って話し方について考えることを提示する。

④成果物の共有（願い：お互いが高め合える学習集団）

通信への載せ方……授業ノートを共有したり、漢字テスト勉強などで自分だけのやり方でつくったノートを共有したりする。そのときに、そのノートのどこに価値があるのかを教師が伝えたり、子どもたちに考えさせたりする。

⑤授業記録を載せる（願い：自分の授業観や子どもたちのよさを伝えたい）

通信の載せ方……自分が記録しているものにクラスの子どもたちの頑張っていることをつけ足して載せる。

子どもたちに伝えるときには、自分の言葉はもちろんですが、偉人の言葉や流行りの言葉を引用しながら伝えるときもあります。学級通信をつくることは、子どもたちのよさを引き出すものだと考えています。極力、子どもたちにとってのマイナスなことは伝えないようにしています。

そして、一番大切なのは日々の授業です。日々の授業に支障をきたすならば、通信の発行を止めます。授業が絶対的な屋台骨です。授業が本道です。自戒を込めて。

（藤原薫）

学級通信②
学級目標に常に立ち返る習慣

学級通信と「学級目標」は、私にとっては切り離せない関係です。

私は学級目標を現在のクラスの到達度に合わせて載せていくことをしています。

学期初めに学級目標をつくるクラスが多くあると思います。それを使います。

学級目標をつくるときに、「元気なクラス」「楽しいクラス」というような学級目標をつくると思います（学級通信に掲げるのに、少し使いにくい学級目標は、「たくさん発表するクラス」などのような、ピンポイントな学級目標です。これは、そこだけしか使えないので注意が必要です。できるなら、抽象的で汎用的なものの方が子どもたちにあらゆる角度から落とし込みやすいのでよいと思います）。

今年、私のクラスでは「笑顔あふれでる」「なんでもチャレンジ」という学級目標が掲げられました。それをつくりっぱなしではもったいない。だから、学級通信を使って伝え続け、常に子どもたちに意識してもらうようにするのです。

例えば、学級通信で、「〈笑顔あふれでる〉行動がありました。それは……」というように、子どもたちが笑顔になったエピソードや、行動を学級目標を添えて価値づけます。また、授業などで難しいものにチャレンジしている様子があれば、それを学級通信で、「今日の授業で、手を挙げることが少なかったAさんが手を挙げて発表をしました。学級目標である〈チャレンジ〉という名にふさわしい行動でした。頑張りました」というようにつなげます。

さらに、定期的に教師から子どもたちに問います。そして、今回の学級目標に沿って、「仲間が笑顔になる行動」や「うれしくなった（笑顔になった）仲間の行動」や「最近学校でチャレンジしたこと」を全員に書かせます。それを学級通信に全員分載せます。

クラスの一員として、個人として何をしたのか、適宜確認をさせます。

せっかくつくった学級目標。形骸化してしまうのはもったいないです。

教師の願いと、子どもたちがつくった学級目標を連動させることが、クラスがよりよい方向へ向かう一つの手段だと考えています。

朝の会で、全員で学級目標を言ったり、突然、連絡帳に学級目標を書かせたり、いつも身近に学級目標があるということも大事ですね。

（藤原薫）

Column　学級通信Q&A

Q 隣のクラスの先生に「出さないで」と言われたら？

A まずはその先生からその理由を聞きます。おそらく、その先生が通信を出さないので、それに合わせてほしいことが大きな理由だと思います。そのときの対応は二つあります。一つ目は、「先生も学級経営の柱にしているものがあると思います。その柱の一つが私は通信なんです」と話すこと。二つ目は「わかりました」と言って、少しずつ出すことです。学級通信を出す・出さないは自由です。でも、自分が学級経営上で大事にしているものが学級通信であれば、出すべきだと思います。ただ、その場合は、極端な号数は控えた方がよいかもしれません。

Q 保護者から「わが子が全然載っていないんだけど」と言われたら？

A 名前を出して具体的な通信にすればするほど、このリスクは高くなります。私も指摘を受けたことがあります。まずできることは、出した子の名前をチェックすることです。写真を載せた回数、日記を載せた回数、名前が出た回数、項目ごとに名前をチェックすることが望ましいです。それには同時に次のようなメリットもあります。名前に○がついていない子を〈通信に載せるために〉見ることになるので、その子のよさを見ることにつながるのです。また、自分を守るという意味でも、管理職には必ず渡しておくようにします。「載っていない」と申し出られた保護者には、「いつもよく読んでくださってありがとうございます」と感謝を述べた上で、回数を数えているので、公平に載せている（載せる）ことをお伝えすれば、ご理解くださると思います。

Q 学級通信を書く時間がないです。

A 通信は放課後の教室でつくるとよいです。もちろん、できない日もあります。授業が一番大切です。通信をつくるから授業が二の次では本末転倒です。きっちり授業を考えた上で、後で通信をつくります。授業が一番です。

Q 通信に何を載せればいいかわからないです

A 誰に伝えたいのかによって変わります。まずは、教室での出来事を載せてみてはいかがでしょうか。机が整然と並んでいる写真や、ほうきがきれいに並んでいる写真などを載せるだけでも〈クラスの今〉がわかります。保護者と子どもたちに好評なのは、私、藤原の「ふじわらのつぶやき～FUJITTER～」です。これは、わたしの日常のリアルなつぶやきを載せます。先生ってこんな趣味あるんだ、先生が行ったところ、私も行ったよ！など、会話が弾むこともあります。

（千原まゆみ・藤原薫）

ちょっとした気遣いで保護者とうまくいく習慣

ここでは、少し配慮の必要なお家の方と話すときに気をつけていることをまとめてみました。

①丁寧に迎える

できれば玄関や教室の入り口まで迎えに行く。「こちらの席へどうぞ」と手で示す。

②ねぎらいの言葉を伝える

「寒い中（暑い中、雨の中）、ありがとうございます」など。「この間はありがとうございました」「お子さんは大丈夫でしたか？」のようなその人だけの話題があるとなおよい。

③複数で対応するときは隣に座る

味方の存在としていられるように。

④遮らずに話を聞く

相手の舞台から自分は降りる。

⑤相槌を打つ

トーンを合わせる。途中でだいたいのまとめをする。「何々っていうことですか?」

⑥学校側の話を伝えているときの反応、表情をよく見る

特に、不安、怒り、不信などを見逃さないようにする。

⑦言いにくいことを促す発言をする

「今聞いて、少しもやっとしていませんか?」「学校のことなのに急に言われてもって感じですね」

⑧お家の方の側に立っての感想を想像する

「家の様子と結構違うので驚かれますか」

⑨お家の方と子どものことを切り離して伝える

「お母さん(お父さん)のせいではありませんよ」

⑩言いにくいことこそ言いきれるようにさらに聞く

「耳の痛いことも全部伝えてください」

⑪言いにくくても伝える

「とても言いにくいことなんですけど、他から伝わる方が気にされるかと思ってお話します」

⑫途中でお願いされたことはメモする

写真の追加の申し込みなど、大事なことを必ずメモする。

⑬その場で答えられないことを焦って答えない

「確認してからあらためてお返事しますね」

⑭批判されたときは、逆にねぎらう

「すみません。言いにくかったでしょう。今日まで待ってくださったのではないですか？」

⑮他の人の悪口を聞いたときは感謝を述べる

「お気持ちわかりました。聞かせていただいてありがとうございます」

⑯安易に謝罪しない

「そんな風に受け取らせてしまったのですね」「不愉快な思いをさせてすみません」

⑰家のやり方を聞いて両輪で育てていくことを提案する

「こういうとき、いい方法はありますか」

⑱時には本人以上に感情を表して共感する

「私だったらもっと怒るわ！（がまんした）お母さんすごい！」

⑲どうしても言いにくいことは信頼関係ができてから

「今は言わない」という選択も大切に。

⑳定刻に終わる

「まだまだお話したいのですが次の方（予定）が。別にお時間とらせてもらいましょうか」

㉑リターンは来るものと心得る

お家の人にとって耳の痛いことを伝えた後には、こちらにも伝えられる可能性が高い。

明らかにしんどい保護者の方には、他の人と一緒に対応することをおすすめします。専門的な対応が必要な保護者の方もおられます。距離を縮めるのが難しいと感じたときには自分だけで抱え込まず管理職の先生や他の人を頼ることも大切です。

（山岡真紀）

学校システムに先生方を巻き込む習慣

とってもしんどい子どもたちとの出会いがあった後、何としても学校全体にあたたかい風を吹かせて子どもたちに届くようにしたいなと思っていました。

職員全体を巻き込むためにしたことは「朝のミニワーク」。電話の受け方や子どもへの言葉かけなどについて、配布したプリントに書き込んでもらい、隣の人と短時間で交流、裏にはそれに関する参考資料を載せておく……というような流れでした。五分程度、週に一回のペースで打ち合わせが長引いたときは行わないという、無理のない形で行いました。目に見えての効果ということではなかったかもしれませんが、みんなで子どもを見ていきましょうというメッセージにはなったかなと思います。

学期末には、それぞれの先生の名前を書いた紙に「あなたがいてくれたおかげで…」の続きを考えて書き、グループごとに回すということもしていました。

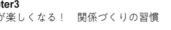

「あなたがいてくれたおかげで職員室がいつも綺麗でした」

「あなたがいてくれたおかげで凛とした空気が子どもたちに伝わりました」

など、普段は面と向かって言えないようなことを伝えたり伝えてもらったりするのは、心地よい時間となりました。校務員さんや管理職の先生も一緒にできたこともよかったと思います。

図書館司書の先生の発案で、「先生おすすめの百冊」も選定しました。自分の薦める本には、ポップも書いて掲示しました。「子どもたちがたくさん借りてくれるようになりました」の言葉もうれしかったです。他の先生たちのポップを見ているだけでも心がウキウキしました。先生が全員で何かをしようとしている空気というのは　それだけで子どもたちに安心感を与えることにつながります。

年度末にはそれぞれが工夫したことを「私のチャレンジ三つ」という形で書いてもらい一覧にまとめることもしました。授業の工夫、言葉かけの工夫など、ジャンル分けすることで参考になればと思っていました。

特に素敵な実践については、個人的に原稿も依頼しました。掃除の仕方や年末の子どもへの個人賞、コミック会話（話しながら会話を書く支援技術）など多岐にわたる内容でした。職員の中に宝物があることを実感しました。学校でつくる研究冊子とは別に印刷して、四月一日に新しい先生たちと共に見られる形にまとめました。

その他にも学校独自のキャラクターづくり、朗読暗唱大会など、思いつくことを何でもしてみました。

どうしてそんなことが次々できたのかなと思い返すと、私が何々してみたいのだけど…と言い終わるか終わらないかのうちに「いいですね！　それやりましょう」と言ってくれた先生たちの存在が大きかったと思います。

- 小さなエネルギーで、できることに学校全体で取り組んでみる。
- 「こんなときどうしていますか？」と日頃からお互いがしていることを知っておく。
- それぞれの工夫していることの中から宝物を見つける。

声高に学校改革を唱えたり、立派な目標を掲げたりではなくても、こんなことからつくっていく学校システムもあっていいのではないでしょうか。

（山岡真紀）

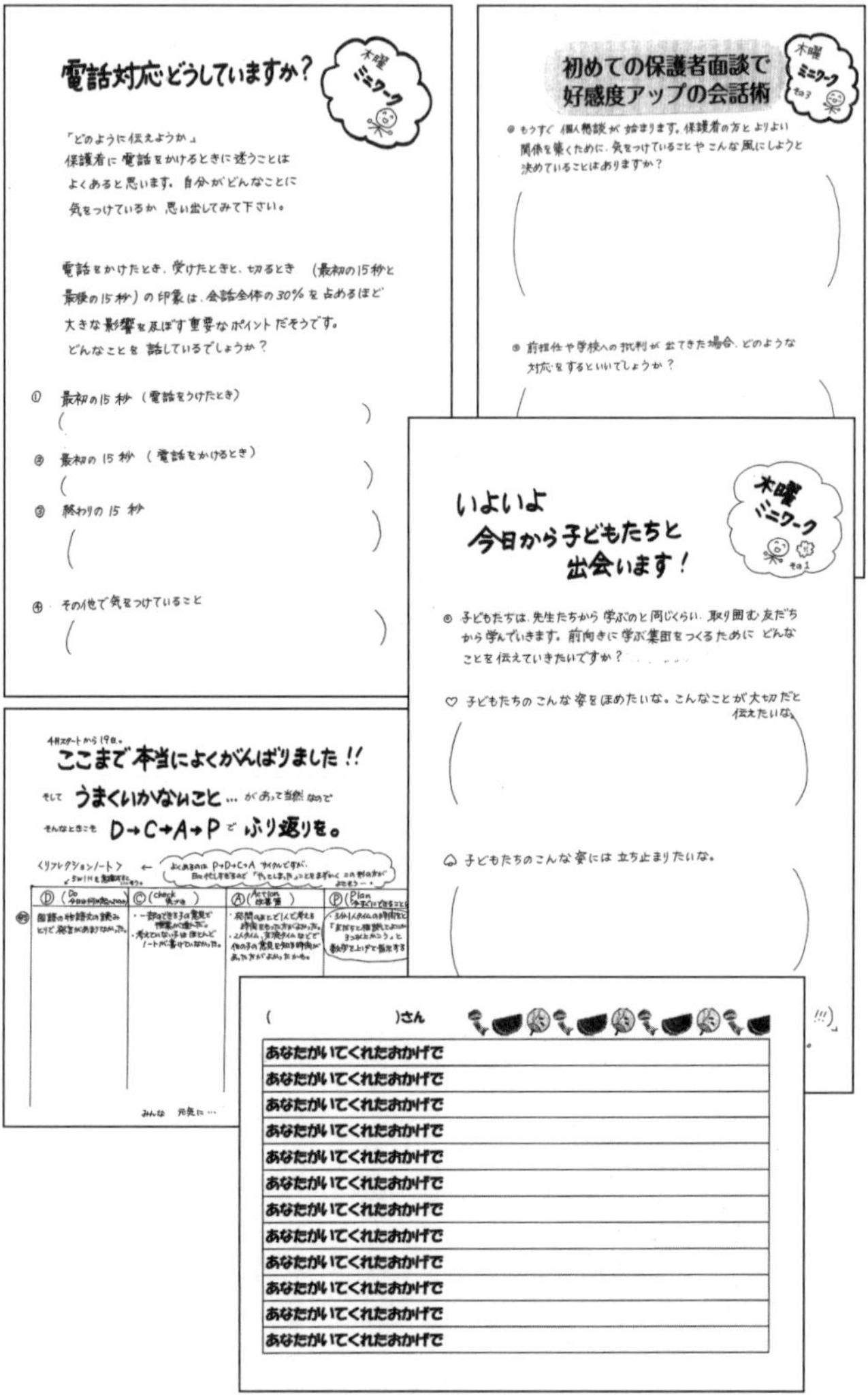
電話対応どうしていますか？
木曜ミニワーク
「どのように伝えようか」
保護者に電話をかけるときに迷うことは
よくあると思います。自分がどんなことに
気をつけているか思い出してみて下さい。
電話をかけたとき、受けたときと、切るとき（最初の15秒と
最後の15秒）の印象は、会話全体の30%を占めるほど
大きな影響を及ぼす重要なポイントだそうです。
どんなことを話しているでしょうか？
① 最初の15秒（電話をうけたとき）
② 最初の15秒（電話をかけるとき）
③ 終わりの15秒
④ その他で気をつけていること
初めての保護者面談で
好感度アップの会話術
木曜ミニワーク その3
もうすぐ個人懇談が始まります。保護者の方とよりよい
関係を築くために、気をつけていることやこんな風にしようと
決めていることはありますか？
前担任や学校への批判が出てきた場合、どのような
対応をするといいでしょうか？
いよいよ
今日から子どもたちと
出会います！
木曜ミニワーク その1
子どもたちは、先生たちから学ぶのと同じくらい、取り囲む友だち
から学んでいきます。前向きに学ぶ集団をつくるために どんな
ことを伝えていきたいですか？
子どもたちのこんな姿をほめたいな。こんなことが大切だと
伝えたいな。
子どもたちのこんな姿には立ち止まりたいな。
4月スタートから19日。
ここまで本当によくがんばりました!!
そして うまくいかないこと…があって当然なので
そんなときこそ D→C→A→P でふり返りを。
<リフレクションノート>
よくあるのは P→D→C→A サイクルですが、
D（Do）
C（check）
A（Action）
P（Plan）
みんな 元気に…
(　　　　　　)さん
あなたがいてくれたおかげで
あなたがいてくれたおかげで
あなたがいてくれたおかげで
あなたがいてくれたおかげで
あなたがいてくれたおかげで
あなたがいてくれたおかげで
あなたがいてくれたおかげで
あなたがいてくれたおかげで
あなたがいてくれたおかげで
あなたがいてくれたおかげで
あなたがいてくれたおかげで
あなたがいてくれたおかげで

Column

復職した先生へかける言葉

産休、育休をとられていた先生から、復帰前に不安の声を聞くことがあります。

「こんなに休んでやっていけるのか心配です」

そんなとき、私のする返事は決まっています。

「大丈夫、一秒で戻るから」

大げさだと思いますか？　でも、実際復帰した先生方は、口をそろえて言います。

「先生の言っていたとおり、一秒で戻りました！」

たいていの場合、復帰は四月の初め。そしてその日は、異動の職員の挨拶があって、学年が決まって、校務分掌を決めて、そうこうしているうちにお昼を食べて、担当する子どもたちのことを少し引き継いで、ドリルなんかも決めだして……となったら、あっという間に終業時刻です。

そんな分刻みのスケジュールを不思議なことに体がしっかり覚えているのです。しかもなぜかしなければならないことの輪郭がクリアになって、休む前よりテキパキ動けたりするのです。職場にいる時間は減ったとしても、復帰した先生たちのパワーは確実に凄みを増しています。

そしてもう一つ、いつも伝える言葉があります。それは、

「学校にいるときは学校の子どものこと、家にいるときは家の子どものことを考えること。逆が一番だめなこと」

毎日きっとやることに追われて、したいことはまだまだあるのに帰らなければならなくて後ろ髪をひかれることも出てくるでしょう。でも、一歩学校を出たら、自分の子どもさんのことを考えてあげてくださいと。そのかわり、学校にいる時間は全エネルギーを目の前の子どもに注ぎましょうと。

実はこれ、どちらも三人の子育てをしながら教職を全うした私の母の言葉です。母は、朝ごはんを食べながら食卓で学級通信を書いていたりもしたので、もちろん全てその通りいかなかったかもしれませんが、それでも教員という仕事と子育てを、どちらも目一杯やりきっていました。

子育て中の先生、子育てを考えておられる先生、現場はみなさんを待っています。

（山岡真紀）

Chapter4

ウェルビーイングを目指す！

仕事術&自分磨きの習慣

文字起こし①
自分の「現在地」を知る習慣

六万八千字。

これは五年生を担任したときの一年間で「授業の文字起こし」をした文字数です。

授業中、教師が使う言葉は無限です。もし、授業中に使う言葉の数を制限されたとしたら……。「今日の授業は五〇〇文字だけ話してください」、そんな指示があったとしたら……何をいつどのタイミングで言葉を使うでしょうか。だからこそ、普段の授業から言葉を吟味して使いたいものです。

私は日々、子どもたちが話し、つなげ、仲間の意見に耳を傾ける授業を夢見て、取り組んでいます。そこで役に立つのが「文字起こし」です。自分のライフワークとしてずっと続けている「文字起こし」。続けることで様々なことが見えてきます。

最初は聞くに堪えないほど散々でした。なぜなら、私がずっとしゃべり続けているからです。「あー」「えーっと」などの口ぐせが多い、子どもたちの対話の中で、「今、子どもの話つなげたらいいのに！」「授業の本質に迫る重要なワード、スルーしている！」「間違ったことを言っているのに指摘しない！」といった進行上の指示不足、不要な言葉は使うのに、そのときに必要な言葉は使わない――自分の授業に愕然としました。

言葉は消えるからこそ、文字化する。

それは事実を知ること、今の【教師としての現在地】を知ることです。知る術として、教師の成長のために「文字起こし」は大きな武器になると確信しています。

「文字起こし」によって、言葉が厳選され、研ぎ澄まされていきます。何よりも子どもの言葉を「待つ」ことができるようになります。さらに大きな教育効果として、この「文字起こし」によって子どもたちの対話レベルがどんどん上がっていきます。

メリットだらけの「文字起こし」です。

「文字起こし」は孤独ですが確実に授業の腕を上げてくれる教師修行なのです。

最初は四五分全てを文字化する必要はありません。導入五分だけでも録ってみてください。文字化しなくても音声で聞いてみるだけでもいいと思います。

補足ですが、私はキーボードへの直接入力にこだわっています。音声アプリなどでの文字起こしなどもありますが、国語の物語文教材などの人物名などはなかなか思い通りに文字化してくれないのが現状です。さらに直接入力することで教師の発言、子どもの発言について立ち止まることができます。改善点などがその都度わかり、メモできるのも大きなメリットです。

■文字起こしに必要なもの

・録音するもの（スマホ・ICレコーダー）

・パソコンアプリ（Okosiyasu2（フリーソフト））キーボードだけで停止・巻き戻し・早送りなどができる。

・イヤホン：聞き取りにくい子どもの声を聞くため。

■文字起こしの準備

・教室の真ん中あたりの子どもの机の端っこにレコーダーを置く。

■いざ、文字起こし（放課後の教室で）

・（入力）先生はT：　子どもは児童名：として、横書きでとにかく打ちこんでいく。（聞こえにくい発言に関しては▼○◎□●○△◆■◎……というような記号を入れる。

・聞こえてきたつぶやきは名前の後ろに「つ」とつける。（例）○○つ

・全て打ちこんだら行をそろえ、教師の部分をゴシック体にして太字に、子どものところ

N：固有種の種類が日本では圧倒的に多いんですよね。で、日本にはたくさん固有種がいてその固有種が住めるような環境があるっていうその日本にいろんな種類の固有種がいるのにこの固有種が環境を作ると▼○◎□●○△◆■◎・・・からそのことがわかるとわたしは環境をしっかりと守らないといけないと思ったからです。どうですか
つ：うんうん
つ：たしかに
M：わたしは資料２だと思います。理由は、資料２だけ、５段落に資料２をみてくださいって文章があるのを見て文章に見てくださいって書くってことはやっぱり見てほしいから書くんですよね。見てほしいから入れているんだけど、その中でもみたほうが、いや、特にみてほしい部分だからこそ、文章みて文章見て、みてくださいって言われたな見ようってなるところまで作って、文章を作ってくれたまで思ったから資料２が大切だと思います。今の説明、ちょっとわかりにくかったですか
つ：いえ
つ：大丈夫
つ：わかりやすいよ
O：（立った）資料２って書いているからそれは筆者がめっちゃ見てほしいってことですか
M：そういうことです！まとめてくれてありがとう！
N：注目してほしいってこと
O：注目っていいね！
先生：いいね！
M：いいねはいいね！
先生：はい？なんですか？
S：わたしは資料６だと思います。
先生：いいね、少数意見きた
S：なぜなら、固有種の住む環境がなくなっている、日本の豊かな環境がなくなっている守っていこうって伝えたいんじゃないかなってみんな思っているじゃないですか。そこまでわかりますか。そう思っているんだったら天然林と面積の推移って資料なんですけど、天然林が減ってきているじゃないですか。面積が。だから環境が、固有種の住める環境がなくなってきているっていうことが一番わかるグラフじゃないかなって思ったので、筆者の伝えたいことが一番資料６に載っていると思ったのでわたしは資料６だと思いました。
O：環境が減ってきていることがわかるってこと？それを見ると
S：固有種が住める環境がなくなっていることがこの資料をみれば一番わかりやすいのではないか
H：すいません、意見なんですけどそれって固有種すべてに関連するのかなって
つ：ん？
つ：どういうこと？
Tつ：わかるわかる
Mつ：どういうことか言ってもらっていいですか
O：もうちょっとわかりやすく！
H：ま、え、その森林が減ってったらその固有種が危ないという固有種はぜったいそれ以外にもいますよね。それだったらすべての固有種につながることを一番最初に・・自分の意見言っていいですか？
つ：どうぞ
H：自分の意見は資料２なんですけど、理由は２つあって、１つはこの資料

先生：文字だけじゃ、なにを言っているかわからない人？
O：特に標高３０００メートルって言われただけじゃわからない。けど、ぱっとみ、図があった方がわかりやすい。３０００メートルってどんな感じみたいな。感覚がつかみやすい。資料があったら。
A：資料があったほうが、根拠というか、なんやろ、読者に伝わりやすい。
つ：説得力ある。
つ：説得できる
先生：説得ってわかる？資料があったら？資料があったらわかりやすいし、説得力があがるの？
つ：納得
★ここは説得の話をほりさげるべき！！
先生：これがセットだ。これTさん、出会いの感想で書いていたよね。この資料があったら、どっかにつながるって書いてなかった？
T：ちょっと覚えてないです。
先生：これがあったら自然を残す責任が感じるって言ったんですよ。
つ：おお
先生：この資料があることで自然を残さないといけない責任を感じるって書いてました。なにか記憶ないですか。責任・・・
つ：あ！
つ：ああー！！！
つ：あった！
つ：あるあるあるある！
M：日本でくらす私たちの責任なのです。
つ：１１段階
先生：§さん読んで
S：これが日本にくらすわたしたちの責任なのではないでしょうか
先生：この資料がその結論に、
M：影響している
先生：じゃあ、これは結論に影響していないか
つ：そういうことじゃない
M：影響していないけど、▼○◎□●○△◆■◎・・・
先生：じゃあ、ニホンオオカミって知ってる？名前知ってる？
つ：知ってる
先生：すがたかたちしってる？知らない人
先生：ニホンカワウソ　名前聞いたことある人？すがたかたち知っている人？
M：はじめて・・・・
先生：どうぞ、Mさん
M：この写真でいま初めて知ったからこの写真がなかったらニホンカワウソとかすがたとか知らないで文章を読んでいた。
先生：写真があるから　しゃべって
近くのひとと
S：写真がなかったらMさん言っていたみたいにニホンオオカミってどんな形なのか、よくあるオオカミと同じ形なのかっていうことがわかるから　わたし的には好奇心がわくかなって思いました。
先生：なんていった今？
つ：こうきしん！
先生：おもしろいね。
T：興味
先生：なんていった？

聞く力を育てるには，まずはつぶやきを拾うことから始めます。個々のつぶやきや，誰かわからないつぶやきも載せていきます。
※イニシャルで書いていますが，実際は本名で載せます。

を丸ゴシックにする。最初は教師ばかり話すので〈クロウマ〉、教師と子どもの会話が交互にある〈シマウマ〉、子どもたちだけで話す〈シロウマ〉というように、教室の対話の状態を「見える化」していきます。

（藤原薫）

文字起こし②
子どもに還元する習慣

文字起こしは、教師修行目的だけではもったいないです。

子どもたちと文字起こしを共有し、話し合いなどに役立てていきます。子どもたちが、〈よさ〉が見てわかるようにアンダーラインを引いたり、文字を大きくしたりして、【子どもの学び用】にすがたを変えて出します。文字起こしで次のようなことが指導できます。

①語尾指導

話し合いで大切なのは〈つなげる意識〉。そこで、語尾の指導をします。できている子の発言をピックアップします。または教師と子どものやり取りの一部始終を見せてもよいと思います。例えば、「どうですか」「（ここまで）わかりますか」など普段の会話で使うようなつなぎ言葉を使えるように文字面で見ていきます。

②反応（つぶやき）指導

話し合いで一番大切なのは、いかに「聞き手を育てるか」、「聞く耳を育てるか」です。

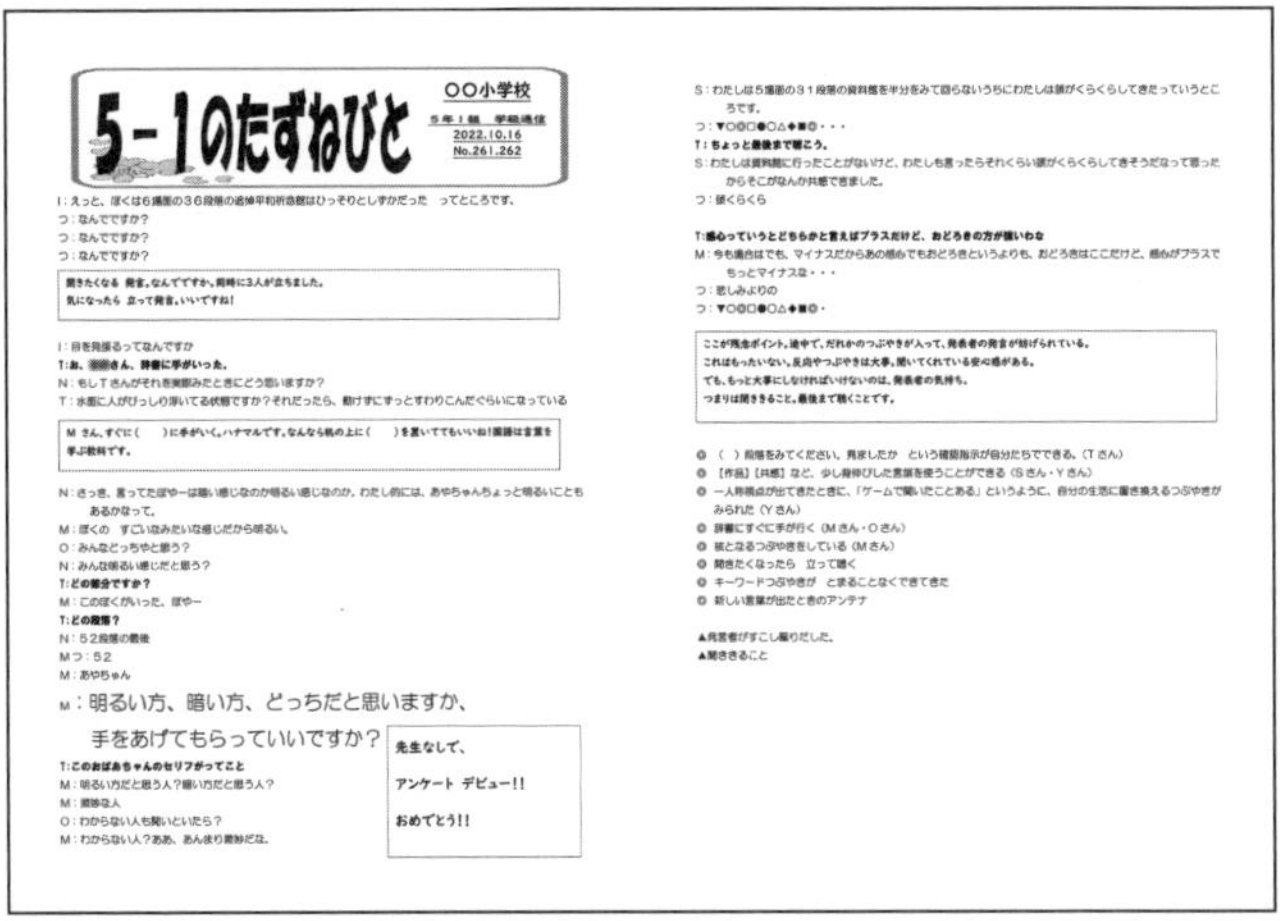

5－1のたずねびと
〇〇小学校
5年1組　学級通信
2022.10.16
No.261.262

I：えっと、ぼくは6場面の36段落の追悼平和祈念館はひっそりとしずかだった　ってところです。
つ：なんでですか？
つ：なんでですか？
つ：なんでですか？

聞きたくなる　発言。なんでですか。同時に3人が立ちました。
気になったら　立って発言。いいですね！

I：目を見張るってなんですか
T：あ、[illegible]さん、辞書に手がいった。
N：もしTさんがそれを実際みたときにどう思いますか？
T：水面に人がびっしり浮いてる状態ですか？それだったら、動けずにずっとすわりこんだぐらいになっている

Mさん、すぐに（　　）に手がいく。ハナマルです。なんなら机の上に（　　）を置いててもいいね！国語は言葉を学ぶ教科です。

N：さっき、言ってたぼやーは暗い感じなのか明るい感じなのか。わたし的には、あやちゃんちょっと明るいこともあるかなって。
M：ぼくの　すごいなみたいな感じだから明るい。
O：みんなどっちやと思う？
N：みんな明るい感じだと思う？
T：どの部分ですか？
M：このぼくがいった、ぼやー
T：どの段落？
N：52段落の最後
Mつ：52
M：あやちゃん
M：明るい方、暗い方、どっちだと思いますか、
手をあげてもらっていいですか？
T：このおばあちゃんのセリフがってこと
M：明るい方だと思う人？暗い方だと思う人？
M：微妙な人
O：わからない人も聞いといたら？
M：わからない人？ああ、あんまり微妙だな。

先生なしで、
アンケート　デビュー!!
おめでとう!!

S：わたしは5場面の31段落の資料館を半分をみて回らないうちにわたしは頭がくらくらしてきたっていうところです。
つ：▼〇◎□●〇△◆■◎・・・
T：ちょっと最後まで聞こう。
S：わたしは資料館に行ったことがないけど、わたしも言ったらそれくらい頭がくらくらしてきそうだなって思ったからそこがなんか共感できました。
つ：頭くらくら

T：感心っていうとどちらかと言えばプラスだけど、おどろきの方が強いわな
M：今も場合はでも、マイナスだからあの感心でもおどろきというよりも、おどろきはここだけど、感心がプラスでちょっとマイナスな・・・
つ：悲しみよりの
つ：▼〇◎□●〇△◆■◎・

ここが残念ポイント。途中で、だれかのつぶやきが入って、発表者の発言が妨げられている。
これはもったいない。反応やつぶやきは大事。聞いてくれている安心感がある。
でも、もっと大事にしなければいけないのは、発表者の気持ち。
つまりは聞ききること。最後まで聴くことです。

◎（　）段落をみてください、発表したか　という確認指示が自分たちでできる。（Tさん）
◎【作品】【共感】など、少し背伸びした言葉を使うことができる（Sさん・Yさん）
◎一人称視点が出てきたときに、「ゲームで聞いたことある」というように、自分の生活に置き換えるつぶやきがみられた（Yさん）
◎辞書にすぐに手が行く（Mさん・Oさん）
◎核となるつぶやきをしている（Mさん）
◎聞きたくなったら　立って聴く
◎キーワードつぶやきが　とまることなくできてきた
◎新しい言葉が出たときのアンテナ

▲発言者がすこし縮りだした。
▲聞ききること

このように通信で〈よかったところ〉や〈改善点〉を伝えます。
また，かっこ（　）を使って，穴埋め形式にすることで，文字起こしの通信がミニ授業のツールに変わります。

そのときにまずはつぶやきが多く出ることを第一に考えます。それを共有していきます。「ああ」や「おお」など、まずはそれらをつぶやいている子たちの文字起こしをどんどん紹介します。「教師が紹介する＝よい手本」ということを子どもたちに浸透させていくイメージです。

そして、文字起こしされたつぶやきを音読することも効果的です。

③言葉の選び方指導

「このとき、何を言うか困っていたよね、みんななら、何て言う？」と、文字起こしを見ながら進めていきます。「誰か助けてください」「誰かつなげてくだ

さい」「違う意見ください」。また、そういう言葉を通信に書き込んでいくのもよいと思います。

④発言に浸らせる

話し合いが活性化する一方で［沈黙］も大事にしたいものです。教材や子どもの発言に向き合い、考える間（ま）、浸る時間も大切です。「……」などを使って、称賛します。

文字起こしを何度か子どもたちと共有していけば、子どもたちから〈よさ〉に気づくようになります。「文字起こし」が授業での話し合いの指導に大いに役立ちます。

（藤原薫）

文字起こし③
明日へのやる気につなげる習慣

授業へのモチベーションや仕事へのやる気。みなさんは何をしてやる気を上げていますか。私は、「文字起こし」もやる気を上げる一つの方法だと思っています。

文字起こしによって自分の成長や、クラスの成長を感じられるからです。「話し合いがうまくいったぞ」「授業がうまく展開できた」「あまり介入せずに授業が進んだ！」そんな実感があった授業の後は特に文字起こしです。

その喜びにもう一度浸ることができる。

自分、頑張っているなぁ……と。

誰もいないところで、文字起こしという地味な作業をしている自分もかっこいいじゃないですか。

放課後の教室以外にも私は休みの日の早朝一時間半くらいを使って、四五分の文字起こしをします。

終わった後、昇ってくる朝日が気持ちいい。

もちろん、それは時間外です。でも、
［授業で語れる教師］
［授業が本道と思える教師］
でありたいと思う私は、この「文字起こし」はなくてはならない教師修行です。
「授業」をど真ん中に据えたときに、この「文字起こし」は子どもたちをつなぐ学級経営のツールとしても威力を発揮します。
子どものやる気、何より自分のやる気につながる「文字起こし」。
授業を介して、クラスが、自分が、今日も幸せであり続けられるように、私の修行は続きます。「文字起こし仲間」が一人でも増えることを願っています。

（藤原薫）

読書①
本を選ぶ「欲」をたくさんもつ習慣

・物語の世界に浸っているうちに自分の迷っていることにぴったりの言葉に出会う。
・授業の準備をどうしようと思っていたら思いがけないところから答えがふってくる。
本を読んでそういう経験をすることが何度もありました。たくさんの本からパワーをもらいながら教師人生を送っている私の習慣です。

①書店の活用法　散歩気分で新鮮な情報をチェック
最初は自分の好きな心地いい写真や料理の本を眺めて落ちついたら、気持ちのおもむくままに様々なコーナーを回ります。見ているうちに何となくその日のこだわりの部分が見えてくる気がします。本屋さんで一時間ぐらい過ごすのはあたりまえ。その中で特に欲しいものを選ぶので、買うときには内容がほぼわかっているということも多いです。

②図書館の活用法　ゆったりとした時間軸で出会いを楽しむ
毎週必ず図書館に行きます。好きな本だけ厳選して借り、家の本棚には常時五冊くらい

の本が並んでいます。そこから気分に合わせて読みます。予約はほとんどしません。予約するぐらいの本は、自分で購入して読みます。いつか機会があれば読みたいと思う本を心にとめておいて、図書館での出会いがあったときにすかさず借りる……そんな感じです。

③書評の活用　極上のブックトークを楽しむ

本屋さんや図書館で本を選ぶ際に私が大いに参考にしているのが、新聞などにある書評欄です。難しそうと思うかもしれませんが、実に楽しいです。世の中にはいろんな種類の本があることがよくわかります。自分では絶対に読むことがないだろうなあと思うよう専門的な学術書も、解説を読むだけで少し賢くなった気になります。読みたくなるような本ならなおさらです。超一流の人たちが責任をもって書いているというのも魅力です。言葉の多彩さも経験とつなげる視点も凄いので、極上のブックトークをしてもらっている感覚です。

本を読み尽くすことなど到底できません。でも、世界のどこかにある本と自分がつながっていると思うだけで心が浮き立ちます。そして、その本と本屋さんや図書館で巡り会えると何だかもう前から知っている友だちみたいな気分になってくるのです。

（山岡真紀）

読書②
テンションに合わせて本を選ぶ習慣

「どうしたらたくさん本が読めますか」と聞かれたら「読みたい本をたくさん見つけておくこと」と「テンションに合わせて本を選ぶこと」と答えます。ご飯で考えてみてください。「カツ丼の気分のとき」「冷やしうどんの気分のとき」、いろいろあることでしょう。読書もそんなふうに気分に合わせてすることで無理なく読むことができています。

週初めなど〈仕事モード〉のときは、教育関係の本を読むことが多いです。よく読むのは定期購読している月刊誌。見開き四ページぐらいで執筆者が変わるので、短時間でも切りよく読めます。また、時節に合わせて特集が組まれていることで、朝読んだ情報がすぐその日に活かせたり、話題にのせられたりもします。購入したばかりの新書や教育書も読みます。自分の中に「知りたい」という欲求があって選んだ本なのでさくさく読めます。気になるところには、電車の中でも、折りをつけたり、マーカーで線をひいたりします。

そのテンションが薄れてくる頃には、ビジネス書や自分を励ましてくれそうな言葉がたくさんある本も選びます（最近では無料の Kindle 本にもあります）。「すぐに○○できるようになる方法」にヒントをもらうこともあれば、「あなたはそのままでいい」なんていう言葉に心癒やされたりもします。「あー、もうしんどいなー」というときには、あえて自分をピリッとさせてくれるような本を。壮絶な中を生きた人の伝記や大御所の先生（大村はま先生など）の著作は、弱気な自分を叱咤激励してくれる気がします。自分を緩めたいときは、信頼のおける作家さんの物語を読みながら、その世界に浸ります。

では、読まないといけないのはわかっているのだけれど、なかなかその気になれなくて…という本を読むのはいつか？　これはエネルギーがいります。なので、いつか読みたい本としていつも目につくところに置いておきます（読めていない……と落ち込むのではなく、読めるチャンスを狙う感じです）。おすすめなのは、長距離の移動がある出張のとき。一時間ぐらい電車に乗るというときは絶好のチャンスです。読むしかない空間で、ほどよい人目があるからです。研修の会場は、学びモードになっているので、始まるまでの待ち時間や休憩時間も有効に使えます。いざそのときになって「あー、本がない」ということがないように、前もって用意しておくことがポイントです。

面白くない本、心がのらない本は読むのをやめても大丈夫。別の機会に回します。

とにかく楽しいと思える、心が喜ぶ、そのときの自分に当てはまる本が必ずあります。

（山岡真紀）

読書③
アウトプットする習慣

「先生は本のソムリエですね」

職場でかけてもらってとてもうれしかった言葉です。アウトプットの習慣によって、自分のいいなと思った本を他の人に伝える機会が増えました。

①テンション高く周りの人に話す

仕事関係の本を読んだ次の日は、職場で周りの人（その本の情報が役立つと思う人）に内容を話すことが多いです。記憶の新しいうちに自分が大きく折りをつけたところ（森川先生にならい、折り方で重要度を決めています※）の説明をすることで言語化され、内容が意識できる気がします。

②心の〈かけら〉をメモする

読んだ本の中で心に残ったものがあれば、数行でメモします。誰に見せるというものでもないので一番心に残った〈かけら〉です。目印のマーク（例えば📖など）を決めておくと、あとで見返しやすいです。

③まるごと一冊をまとめる

なかなか頻繁にというわけにはいきませんが、本一冊をまとめることもあります。まとめる基準は大きく分けて三つです（項末に実際にまとめたものを載せています）。

(1)一冊の本の中に残しておきたい言葉がたくさんある本、ストーリー展開が見事だと思った本など。自分の体に沁みこんでいくといいなあと思いながら、できるだけ本文中の言葉を忠実に拾っています。

(2)仕事に関する本。見やすくまとめることで、二次活用できるようにします。

(3)自分にとって、難解な本。一度読んだだけでは理解しづらい部分を頭の中で整理するためにまとめます。筆者の伝えたいことが少しずつ見えてくるとうれしくなります。

④勉強会でプレゼンする

毎月参加しているサークル・教師塾「あまから」で本を紹介することもあります。私の最も尊敬する人たちの集まりなので、緊張しますが有意義な機会となっています。

⑤職場でも本を活用する

(1)会議に持っていく：校内研究や子どものケース会議、出張などに、その会議に関連した本を一～二冊持っていきます。机の上に置いておくだけで「その本、気になっていたんです」「私も読みました」などのブックトーク的な会話が生まれるのもうれしいものです。別の本の情報がもらえることもあります。タイミングが合えば、会議の中で紹介したり、資料として活用したりもします。

(2)表紙を立てて置く：森川先生の本など、自分にエネルギーを与えてくれる本を、職員室の机に表紙が見えるように立てて置きます。朝一番、それが目に入ることで気合いのスイッチが入ります。

(3)貸し出す：長期休みのときにはどの先生でも手に取れるように本を並べ、貸し出しもしています。本のある空間に人が集うだけでその場が知的な空気をまとうような気がしています。

（山岡真紀）

※森川正樹著『できる先生が実はやっている　教師力を鍛える77の習慣』（明治図書）参照のこと

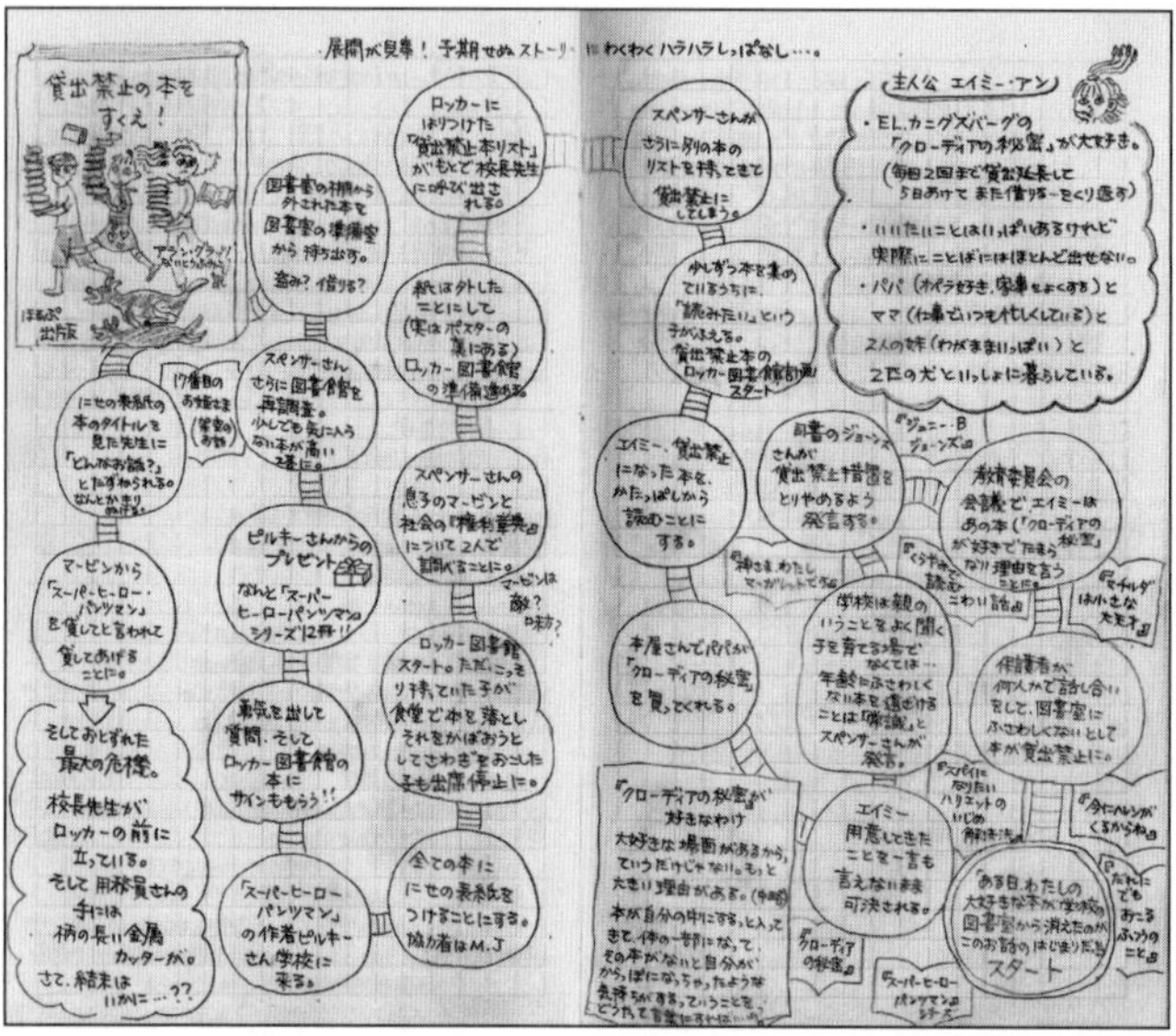

①物語の展開の面白さが印象的だったので
すごろくのようにまとめました。

②本から得た知識を仕事
で２次活用できるよう，
大切だと思ったところ
を見やすくまとめるよ
うにしています。

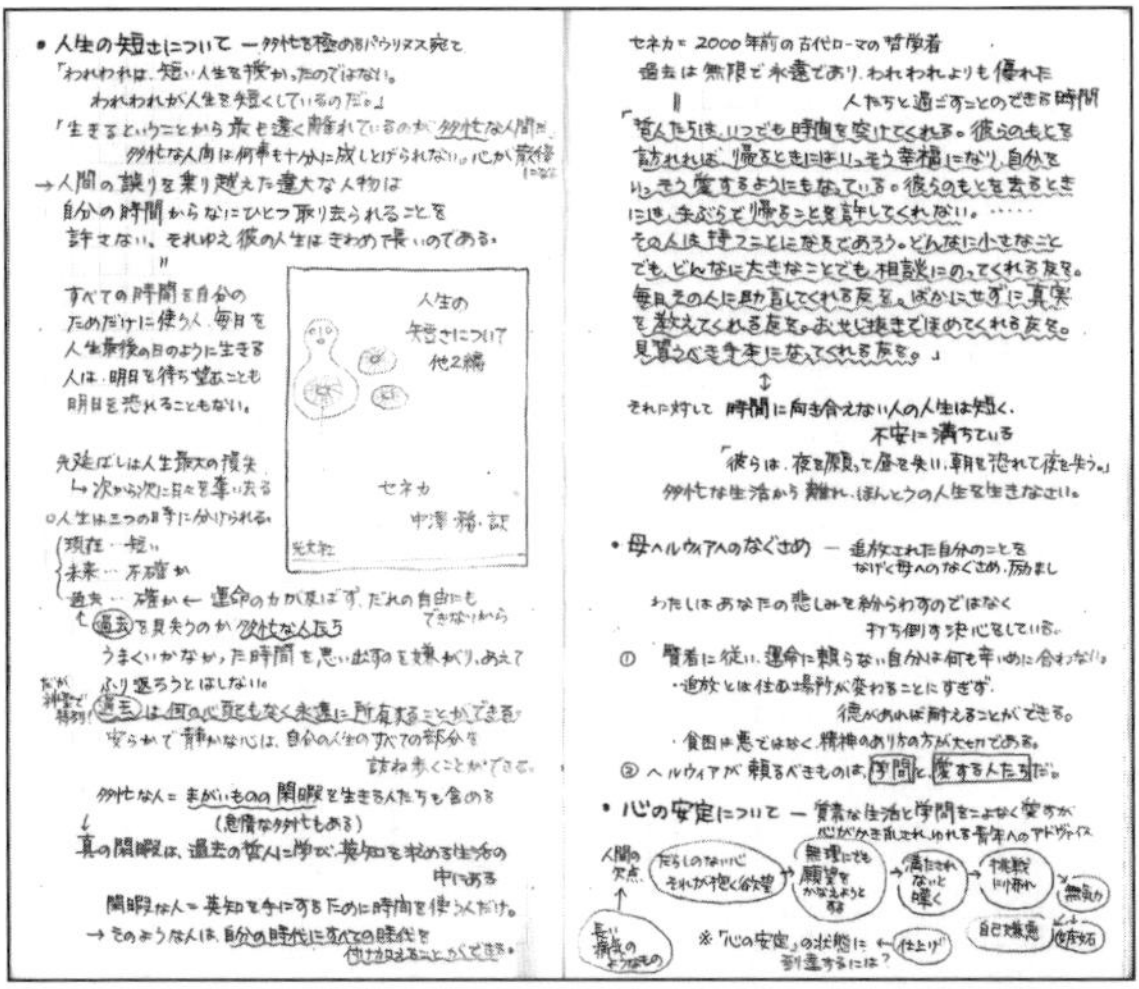

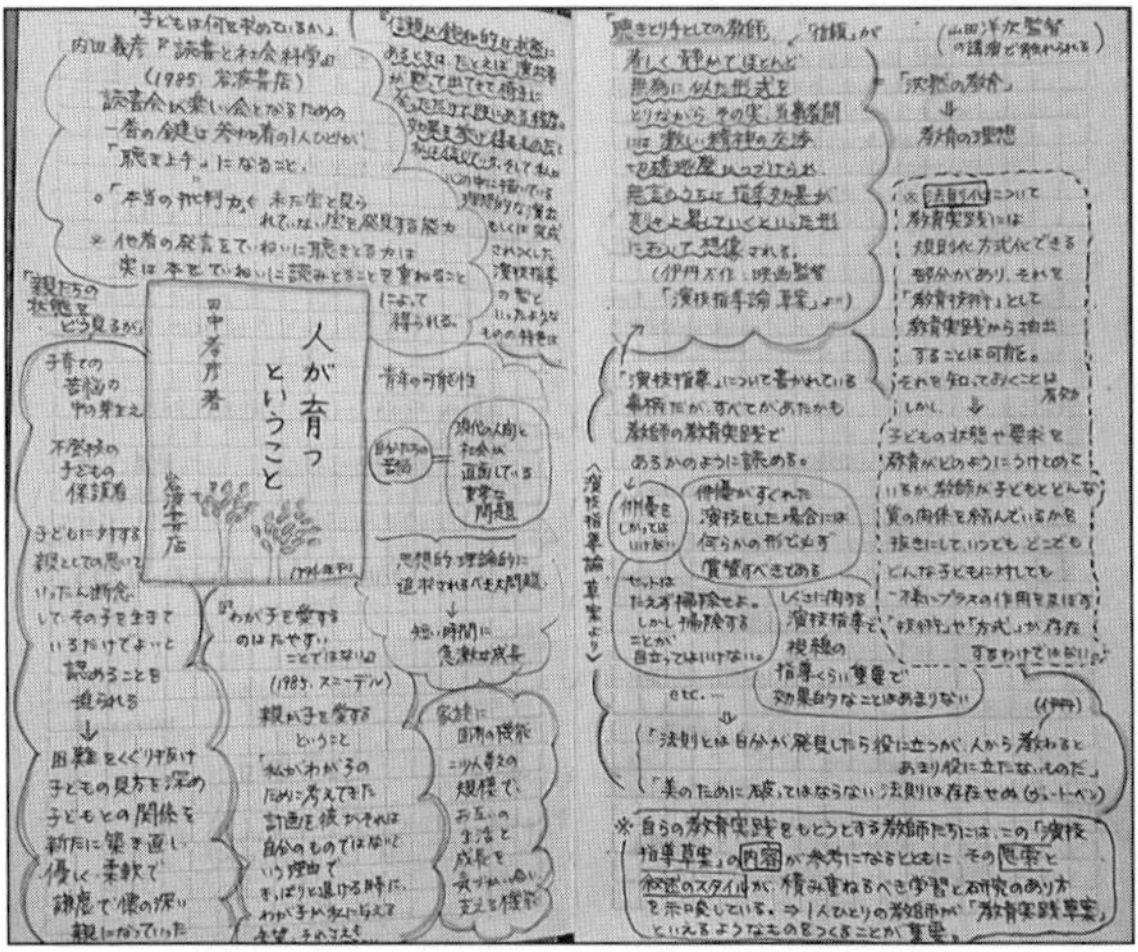

③自分にとって難解な本はまとめる過程で，
整理しながら筆者の意図を考えていきます。

自分磨き①

メンターをもつ習慣

教師修行において、メンターを見つけることは大きなアドバンテージになります。

メンターを見つけることは、自分に大きな味方をつけることになります。というのは、授業観や学級経営観の見方を常に示し続けてくれる存在だからです。

私のメンターは森川正樹先生です。

メンターを早く見つければ見つけるほど、授業がうまくなるような気がします（と言ってもまだまだですが）。なぜなら、その先生の思考に沿って考えられるようになるからです。生徒指導の場面では、「先生だったら、何て言うだろう」「先生ならここで、沈黙を使うだろうな」であるとか、授業の場面では「ここは座って子どもたちに対話をさせるかな」「今の発言は絶対スルーしないだろうな」「このタイミングでペアトークだ」というように、メンターと自分を照らし合わせながらの行為となるのです。メンターと出会うためには、当たり前のことですが、たくさん出会いに行くことです。

まずは読書での出会いです。わたしは著名な方の本を片っ端から読みました。森川先生も「若いときは、より一層、身銭を削ってたくさんの本を読んだ」と語られていました。

そして、「この先生の考え方、いいな」と自分のフィーリングに合うと思ったら前進です。そこから、その先生の本を読み漁ります。すると、その先生の大事にしていることや、考え方の一貫性が見えてきます。それをどんどん吸収していくのです。そして、ここからがさらに大事。その先生に会いに行くのです。その著者の講演や講義を聞きに行きます。文字面とリアルでは全然違います。コロナ禍においてオンラインセミナーが増えましたが、やはりライブに限ります。そこで、先生の立ち振る舞いや言葉の使い方、間の取り方などを多角的にどんどんメモをしていきます（もちろん、講演の内容も）。そうすることでどんどんメンターが身体に入っていきます。染み込ませていくイメージです。そして、その〈オーラ〉を纏うのです。そこまでメンターに寄せてしまっては自分のよさが消えてしまうのではないのか、そんな考えも出てくるかもしれません。

歌舞伎役者の中村勘三郎さんの言葉に「型があるから型破り。型が無ければ単なる形無し」とあります。その自分の型は何も自分で一から考えてつくっていくものではなく、メンターから学び取っていくことも一つのやり方だと考えます。

私も勉強会を開いていますが、その勉強仲間から「今日の話し方、森川先生そっくりだったね」と言われることがあります。そうなったら心の中でガッツポーズです。（藤原薫）

自分磨き②

「書き出す」「避ける」習慣

教師というのは感情労働だと言われます。保護者からの電話一本で元気になれたり、思い切り落ち込んでしまったりする。そんな日々だからこそ気をつけていることがあります。

一つ目は「書き出す」こと。

「くよくよしないで次のことに切り替えて」とアドバイスされがちですが、私の場合何かしんどいことがあるとなかなか切り替えられなくてそのことばかりが頭を巡ります。なので、くよくよしたままを書き出します。言い訳や本音、マイナスな感情もとにかく書けるだけ書きます。

書けるだけ書いたら次は別の視点で（その話を聞いた隣のクラスの先生ぐらいの気持ちで）その中にあったよかったところにも目を向けるように慰めの言葉を書きます。

落ち着いてきたら、こうしておけばよかった、次はこうしてみたらという自分へのアドバイスも書きます（ノートを書く時間は五分なら五分と決めてタイマーをかけてその時間は書くことに専念するとよいです）。書き終えたらノートをとじます。可能なら少し冷静になった自分で他の人にアドバイスをもらってもよいと思います。

私は朝のバスでメモすることに決めているので、最近は落ち込んでも「明日の朝反省会しよ」とちょっと置いておけるようにもなりました。夕方考えるとどんどん暗くなることも、朝だったら前向きになりやすいのでこれもおすすめの方法です。

二つ目は、自分をマイナスにするような情報に近づかないようにすることです。いろいろな情報に簡単にアクセスできる今だからこそ、意識していないとつい刺激的な情報の方がとび込んできます。

詩人の谷川俊太郎さんは「生きる」の詩の中で

「生きているということ（中略）
すべての美しいものに出会うということ
そして
かくされた悪を注意深くこばむこと」

と表現しています。「かくされた悪」のような情報が紛れていないか見極めながら、日々得る情報は、できるだけ自分を元気にしてくれるものを選びたいと思っています。

（山岡真紀）

自分磨き③
自分時間をつくる段取りの習慣

週末はだいたい講演会や研修会に参加しています。今では社会の状況からZOOMでの開催が多くなり、大阪府にいてはなかなか参加できにくかった東京都などの大阪府以外での会にも参加できるようになりました。私は森川先生や教師の方の他に作家や芸能人の方の講演会も見つけて話を聞きに行くことも楽しみにしています。

参加していろいろな話を聞くために、教材研究や家庭のことなどにも時間が割けるように時間のやりくりが必要です。週末にこうした講演会や研修会に参加できるよう、私がどう平日を過ごしているのかを紹介します。

①できることはその場主義で

週末のこととはいえ、予定通り参加できるように平日にできることは平日にします。教材研究は、学年打ち合わせのときに一緒にします。インターネットで見つけたり、研究会での実践報告の場でいただいたりした先生方のレジュメ等を保存しています。現在担当している学年でなくても、今後、授業を考えるときの心のよりどころにするために、データや紙媒体で保存しています。

②毎年担当することは「ログ・ノート」（フォーラム・A）で記録

毎年することとはいえ、一年経つと何をするのか忘れています。思い出すのに時間をかけていると、学校が閉まる十八時半までに終えることができません。そんなときに頼りになるのが、「ログ・ノート」（TEACHER'S LOG NOTE）についている月間だけのスケジュール帳「ミニ・ノート（スケジュールノート）」です。昨年度のスケジュール帳に、何月に何をしたのか書いているので、その時期になると見返すだけでそろそろ取り組まないといけないと準備できます。そうやって、校務分掌をこなしていきます。

③お話を聞く方の情報を検索する

どんな考えをおもちの方か、どんなことを取り組まれてきたのかを知らなくてもお話を聞くことはできます。しかし、少し知って話をお聞きすると吸収力が違います。できるだけ検索してから参加します。人が生きてきた道「人生」の話は学びしかありません。お話を聞きに行くことができるようにしっかり準備が必要です。

（田上尚美）

自分磨き④

研修でエネルギーを一〇〇%受け取る習慣

本を読むことと研修が圧倒的に違うのは、講師の人のパワーを直に感じられることです。同じ言葉でも、どんな人が発するかによって印象は全く変わってきます。だからせっかくの研修で資料だけを見つめていてはもったいないです。どうせなら一〇〇%のエネルギーを吸収できるようにするための私の習慣です。

①相槌を全力で打つ

講師の方に聞いているということを伝えたいと思うので、相槌は全力で打つようにしています。その日のためにどんな人も目一杯準備してくれています。こちらが一生懸命聞こうとする姿を見せることで、少しでも話しやすいと思ってもらえたらと思います。

最近はZOOMで研修を受けることも増えてきました。カメラをぜひオンにしてくださいという研修もあれば、どちらでも構いませんということもあります。できる限りは自分のカメラをオンにして緊張感をもって反応したいと思っています。

②手元の資料より画面や講師に集中する

　これは森川先生の講座から学んだことです。手元に資料があるとどうしてもそれに安心してしまい注意深さが減ってしまうような気がします。PowerPoint等を使ってお話しされることがほとんどなので、研修中はそれに集中し、大切だと思った言葉を自分なりにノートにまとめます。資料は研修の後でプリントアウトすることも多いです。もちろん手元にある方が安心して参加できるという方もいらっしゃるでしょうが、手元にない方が研修に集中できることもあると思っています。

③会場で販売されている書籍をチェックする

　研修会場で書籍や参考資料が並べられているコーナーを見るのがとても好きです。一度に見渡せる機会は他ではめったにありません。特に、その講師の方が昔に書かれた本など手に入りにくそうなものをチェックするのがいいのです。研修の熱そのままに購入した本には、何かそのぶんのエネルギーが備わっている気がします。

　素晴らしい研修の場は、日々の活力を得るための〈パワースポット〉のようなもの。十分にチャージした自分でまた日々を乗り切っていきます。

（山岡真紀）

自分磨き⑤
研修で仕入れたことはすぐに使う習慣

森川先生のセミナー、旅行先、教師塾「あまから」、本、映画、いつでもどこでも授業や学級経営に使えそうな素材がないか、いつもアンテナを張っている自分がいます。そして、〈仕入れたらすぐ使ってみる〉は、私が大切にしている習慣の一つです。

仕入れたらすぐに使う一つ目は、森川先生のセミナーです。長期休業中のセミナーは、新学期にすぐに使えることを意識してつくってくださっているので、〈すぐに〉使ってみます。セミナーを受けて、メモをしているときから、自分のクラスに当てはめて授業の様子を妄想しています。森川先生は、どの学年にも使える部分を含めながら、模擬授業をしてくださるので、該当学年でなくても、使える内容が盛りだくさんです。該当学年の模擬授業は、そのまま実践してみます。動画で見せていただける実際の授業の様子は、教師の動きまで勉強になります。学んだことを実践してみると、森川学級でうまくいくことが、自分の学級でうまくいかないことがあります。それが、自分自身や学級の足りないものに目を向けることにつながります。森川学級の授業の様子に憧れ、少しでも距離を近づけたいと、日々の実践がまた始まります。いつか使おう、の〈いつか〉は、一生やってきません。だからこそ私は、〈すぐに〉やってみることを意識し、大切にしています。

二つ目は旅行です。月一で開催される勉強会、教師塾「あまから」で出会った仲間と行く恒例の「記念館ツアー」は、仕入れ量が多すぎて使うものを厳選するのに困るくらいです。宮沢賢治記念館を訪れた際に行った蕎麦屋「やぶ屋」では、賢治のイラストとエピソードが書かれた「三ツ矢サイダー」のポスターが貼ってありました。ポスターを写真に撮り、宮沢賢治のエピソードの一つとして子どもたちに紹介しました。目的の記念館以外にも、新幹線の連結風景や駅の自動販売機に至るまで、子どもたちの反応を思い浮かべながら、訪れた先で目一杯情報を仕入れようとしている自分がいます。

三つ目は、教師塾「あまから」です。「あまから」の先生方の素敵な実践が私の脳をいつも刺激します。実践だけではありません。紹介される本もまた、脳を刺激します。「あまから」の図書館司書のようなY先生が紹介された本の一つに、『大ピンチずかん』（鈴木のりたけ・小学館）がありました。聞いた瞬間から〈すぐに使ってみる〉アンテナ発動です。お話を聞きながらAmazonでその本の購入を済ませ、本が届くとすぐにワークシートを作成し、「六年二組大ピンチ図鑑」という日記の宿題を出しました。先生方の実践を「私なら、どうやって料理しよう」と考えながら「あまから」に参加しています。

（鷹野智香）

自分磨き⑥

遠方まで仕入れに行く習慣

森川先生監修の「ログノート」に「オススメミュージアム」の紹介ページがあります。夏休みや冬休みなどの休業中には、教師塾「あまから」で出会った先生達と、紹介されている記念館巡りを楽しんでいます。これまで、愛知県の新美南吉記念館、長野県の椋鳩十記念館、鹿児島県の椋鳩十文学記念館、岩手県の宮沢賢治記念館へ行ってきました。

記念館では、思わぬところに新聞記事が貼ってあったり、掲示物の掲示の仕方そのものが勉強になったりすることもあります。何より、作品が書かれた背景や作者の生い立ちなどがとても興味深いのです。それをどんどんノートにメモしていきます。授業でそのまま使えそうなものは、撮る角度にまでこだわり、何枚か写真を撮ります。

仲間と行くことも大切なポイントです。誰かが、自分が通り過ぎたところで立ち止まっていたら、寄って行って自分もメモします。写真を撮っていたら、自分も撮っておきます。仲間のアンテナに引っかかったものは、仕入れておきたいのです。

また、運転が好きな私は、旅先で運転を担当していることが多いのですが、私が運転している間に、仲間が携帯で検索して情報を仕入れてくれたおかげで、作品の舞台となった場所に訪れることができたこともありました。仲間と行くことで、記念館旅行の密度が二倍にも三倍にも更新されていきます。

お土産コーナーも、授業の熱を上げるアイテムの宝庫です。椋鳩十の色紙や、宮沢賢治の手帳のレプリカ、これら定番とも言えるアイテムは、白い手袋をしてまるで本物かのように子どもたちに紹介しました。それ以外にも、宮沢賢治のシルエットの郵便はがきや、「やまなし」の豆本など、ちょっとでも「面白そう」のアンテナにかかったものは、実際の授業で使うか使わないかは別として、購入してしまいます。

岩手県の宮沢賢治記念館に訪れた際には、宮沢賢治が通っていた蕎麦屋「やぶ屋」にも訪れ、賢治が好んで食べた天ぷらそばを食べ、サイダーを飲んできました。まさに、「聖地巡礼」です。

このように、作品が生まれた土地の空気感を味わい、作者の人となりを知ることで、作者が身近になります。そして何より、「先生、行って来たんだけど」と言える説得力があります。〈遠方まで仕入れに行く習慣〉には、情報以上の価値があるのです。

（鷹野智香）

自分磨き⑦

研修参加中の習慣

さあ、週末、講演会や研修会当日になりました。ノートと筆記用具は必需品。私がお話をお聞きするときに、どんなふうに聞いているのかも紹介します。

ルール1：筆記用具は黒赤青色とシャープペンシル

話を聞きながらノートにメモします。見返したときに、すぐに翌日からの指導に活かしたいので、色を変えてメモをしています。色分けにルールを決めています。

メモ：黒色
特に大事なところ：赤色
今できていなくて、できるようにしたいところ：青色

お話されている方や事務局やスタッフの方々の素晴らしい立ち振る舞いはシャープペンシルでメモをします。私は新任のときから研究部長をしています。そのため、会を進め

る・段取りをするというところがとても気になります。森川先生のセミナーの事務局の方々は先生が話すことだけに集中できるように、聞き手の私たちも精一杯学ぶことができるように環境づくりをされているので、隅から隅まで勉強になります。

ルール２：Ｓ席で聞くことができるように会場に向かう

視力がよくないということもあり、前列に座りたいです。参加者の先生方が多いセミナーでは前列から席がうまっていくので、受付時間よりも余裕をもって会場へ向かいます。そのためには前日に何をしておかないといけないか、逆算して用意して過ごしています。

ルール３：学びのお礼はアンケートで

たくさん学ばせていただいたことをアウトプットしながら、アンケートをしっかり書きます。講座ごとに書きます。だから裏面まで書きます。休憩時間ごとに書くと感想が新鮮なうちに書くことができます。

書く内容は、お話をお聞きして勉強になったことはもちろん、パワーポイントのつくり方やお話のされ方まで書いてしまいます。授業で、子どもたちにこういうふうに提示したらわかりやすくなるなと「私だったら、こうする」を常に自分に問い返しながら聞いているので、そんなことまで、アンケートに書いてしまいます。

他にも配慮しないといけないことはありますが、対面のセミナーが復活していくことを願いながら、でもどんな環境でも学びの姿勢は前のめりで過ごしていきたいものです。

（田上尚美）

自分磨き⑧
何度でも聴きたい話を聴くことができるための習慣

私には、大好きな絵本作家さんやビジネスマン作家の方々がいらっしゃいます。初めてその方々のお話を聴いたときに「またお話を聴きたい」と思った私は、サイン会の際に「今後、お話される機会はありますか」と直接聞いてしまったこともあります。直接聞く以外では、自分で定期的に検索をします。「○○○○（お話を聴きたい方のお名前）大阪」「○○○○　書店」等、検索するとヒットします。やはりお話が上手だから、様々な場所に招かれているのだと思います。

また、お話の中で毎年この時期にこの会場で開催していると知ったときには、来年度の手帳の月間の頁と前の月にメモをします。前の月にメモするのは、申し込み期間を逃さないためです。いろいろな場所に呼ばれる方の会は即満席の可能性があるからです。

こうして私は何度でもお話を聴くことができるようにしています。

会う場がない方からでも、本やＳＮＳの考えの発信からも学ぶことはできます。以前のような対面の場が激減した時期に、さきほどの絵本作家さんの個展が京都でありました。そのことについてＳＮＳが更新されていたので読みました。すると「観にきてくださったみなさんの生の感想を聞きたくなって変装して会場に行きました」とありました。そのときの写真もアップされていましたが、絶対に気がつかれない変装ぶりでした。

このように全国を巡回する個展が開かれ、テレビでも番組があり、たくさんの絵本を出版されている今でも、自分を磨く行動に感動しました。と同時に、教師も同じだなと思いました。常にアップデートを繰り返す教師であり続けないといけないと感じます。

私たちだったらどんなことができるでしょうか。

・年に一回以上、公開授業を行い、実践報告を行う。
・教育書はもちろん、いろいろな分野の本を読む。
・美術館や展覧会などに足を運び、完成を磨く。
・日々考えたことをノートにメモする。

木の年輪のように、経験値を刻んで、いつまでも向上心をもって子どもたちと関わりたいです。そのためにこれからもたくさんの方と出会って、お話を聞きたいと思っています。

（田上尚美）

管理職①
〈上機嫌〉をデフォルトにする習慣

【不機嫌】がデフォルトの教頭（副校長）がいます。

朝、職員室に入る際に挨拶しても、返事が聞こえてきません。

相談に行ってもパソコンの手を止めず目も合わせようとしません。

こうなると、「私は教頭に嫌われているのかな」と職員が思い始めます。

次第に、「報告に行っても、がっかりした顔をされるからな」と思い始め、二の足を踏むようになります。さらに、「これくらいは報告しなくてもよいかな」と思うようになります。

教頭の不機嫌によって、ミスや悪い情報が集まりにくくなります。

いよいよ問題が大きくなり、教頭の耳に入ったときには、教頭として打つ手はなく、「何でもっと早く言ってこないんだ！」と怒鳴る始末。

教頭はその後の対応に翻弄されていきます。

まさに、悪循環です。

かたや、**【上機嫌】**がデフォルトの教頭がいます。

「教頭先生！」と話しかけられると、手を止めて立ち上がって話を聞きます。「あなたの話を聞いている」ということが伝わるように、目を合わせてうなずきながら話を聞きます。

相談事だなと思ったときには、相手に椅子を出し、じっくりと話を聞きます。話を聞き終わると、「事情はわかりました。先生のプランがあれば教えてください」と、さらに深掘りして聞きます。その上で、端的にアドバイス。

教頭の隣の席は、いつしか「相談席」となっていきます。

ピンチの場面でも「きっとこれは何かのチャンスだろう」と落ち込みません。

こうなると、問題が小さいうちに職員から情報が集まってきます。

問題が小さいうちだからこそ、打つ手があり、解決に進みます。

問題のない学校などありません。

日々起こる小さな問題を小さなうちに共有できるかどうか。

これは教頭の在り方にかかっていると言っても過言ではありません。

上機嫌な管理職を目指したいと思います。

（徳田達郎）

管理職②
企業のリーダーから学ぶ習慣

「俺の耳の痛い話をもってこい」

これは、ペリカン便の副社長の言葉です。

在外教育施設「台北日本人学校」に勤務したときに、出会ったペリカン便の副社長に「リーダーとして大切にされていることを教えてください」とお願いしました。すぐさま、次のように語られました。

「社員は、私のところに、うまくいった話ばかりもってくる。ミスを隠そうとする。ミスが雪だるま式に大きくなる。どうにもできなくなってから私の耳に入る。この段階になったら、私とてどうすることもできない。もっと早く言ってくれていたら、すぐに私が解決するのに……。だからこそ、私はこれを口癖のように言っている。『**俺の耳の痛い話をもってこい**』と」

BAD NEWS FIRST

三井住友銀行広州支店の支店長の方と、「聞き方」について話をしていたときのことです。私が、「職員の話を聞くときは、手を止めて、立ち上がり、視線を合わせて聞くようにしています」と伝えたところ、**「まだ甘い！」**と一蹴されました。

支店長はこう続けました。

「三井住友銀行広州支店の合い言葉は、**BAD NEWS FIRST（ミスの報告が最優先）**としています。**ミスをすぐに報告したら給料を上げるのです。もちろん、ミスの報告が遅ければ、給料を下げます。**ここまで徹底してやっとミスの報告が来るようになるのです」と。

情報収集に対する意識の高さとアイデアに圧倒されました。

企業リーダー二人の話から、目指すべき管理職の在り方が見えてきます。

・ミスの報告がしやすい管理職

・ミスの報告を喜んで聞く管理職

企業のリーダーからの学びを実践していきます。

日常生活で、企業のリーダーと出会う機会は多くはありません。しかし、「企業のリーダーから学びたい」と意識をもっていれば、一瞬の出会いを学びに変えていくことができます。

（徳田達郎）

管理職③
情報を共有する「仕組み」をつくる習慣

BAD NEWS FIRSTを実現するためには、校長先生、事務職員の方と日常的に情報を共有する「仕組み」をつくっておくことが大切です。

教頭である私は、毎朝八時三十分に校長室で打ち合わせを行っています。校長先生には、自分がもっている情報を全て出すつもりで打ち合わせをします。

【内容】

①本日の行事
②校長先生の出張（出発時刻・終了後の帰校の有無）
③本日の欠席遅刻一覧表（気になる子どもにマーカー）
④本日の会議について（開始時刻・主な議題）
⑤職員の健康状態・職員の家族の健康状態
⑥その他、気になっていること

これらを全て出すことによって、いざというときの判断をしてもらいやすいようにしています。

九時からは、事務室に行き、事務職員の方と打ち合わせをします。

その目的は、情報の共有、問題の共有です。

①校長先生の出張（出発時刻・終了後の帰校の有無）
②教頭が職員室を空ける時間帯
③来校者の情報（インターホンで「お待ちしておりました」と対応できる）
④学校が直面している問題の共有
⑤事務職員の方が気になっていること

日常的に、これらについて情報を共有しておくことで、突発的な事案が発生したときに、事務職員の方に力を発揮してもらうことができます。

このように、教頭がもっている情報は校長先生、事務職員の方と共有し、問題を共有することで、着実に解決に向かっていきます。

（徳田達郎）

管理職④ 進捗状況を報告する習慣

「〈こんな小さなことまで報告しなくてよいから〉と言われるほど、教頭は校長先生に遠慮なく報告すること」。これは、私が教頭職に就く直前に先輩に言われた言葉です。

これを、愚直に続けています。

「校長先生、報告です！」と言って校長室に行き、進捗状況を報告します。大切なのは、「結果の報告」ではなく**「進捗状況の報告」**ということです。つまり、ほんの少し前進したと実感したらその都度報告するというイメージです。

校長先生から何か依頼されたときには、小さなことであっても、最優先事項にします。これも、三割ほど見通しが立ったところで、報告します。「このような解釈で合っていますでしょうか」と。もし、私の解釈が間違っていたら、三割の時点で修正ができます。

このように、進捗状況の報告はこまめに何度も行っていきます。

また、私は報告というのは、部下が上席にするものだけではないと考えています。私は、職員にも「A先生、報告します」と言って、どんどん報告をします。特に、職員から依頼されていることは、スピード感が命です。「B先生、依頼があった件、ここまで進みました」と言うようにします。

教頭が、校長先生はもちろんのこと、職員にもどんどん報告することで、職員からの報告が増えてきます。「教頭先生、進捗状況の報告です！」と言いに来る職員に、「進捗状況の報告、うれしいです。ありがとうございます」と素直に言葉が出ます。

「報・連・相が大切」という言葉がありますが、私は**「報・連・相しやすい状態を管理職自らつくること」**が大切であると考えています。


（徳田達郎）

管理職⑤
初任者を支える習慣

ある初任の先生の学級が荒れていました。授業中には立ち歩きがあり、私語が絶えません。初任の先生は疲れ果てています。そのことを問われた教頭先生が、「特に報告がなかったので気づきませんでした」などと言ったらどうでしょうか。

初任の頃の自分を思い出してください。何もかもうまくいかなくて、自分では何に困っているのかわからない――私自身がそうでした。

ですから、初任の先生にとって、「今、何に困っているのかが自分でわかる」ということが、どれほど素晴らしいことかと思います。その先には成長しかありません。

それでは、どうしたら、初任の先生が、困っていることが自分でわかるようになるのでしょうか。私は、「困っていることを伝えるのを、習慣にしてしまうのがよい」と考えました。そこで、初任の先生が勤務を終えて職員室を出る際、毎日尋ねることにしました。

「今日、一番困ったことを教えてください」と。

初任の先生は、始めは、戸惑っていましたが、次第に「私語が多すぎて指示が通りません」「授業開始に子どもがそろいません」と、困り感を話せるようになってきました。

二学期になると、「体育で王様おにごっこをしたのですが、子どもたちが熱中しすぎて喧嘩になってしまうのです」と、具体的な場面を描きながら言えるようになってきました。

また、「今日は、うれしかったことを言ってもよいですか？」と言う日も出てきました。聞いてみると、「教師になって初めて、体育の授業がこんなにも楽しいということがわかりました」と言うのです。初任の先生が「教師になって初めて」と言うのですから、余程うれしかったのでしょう。どういうことか聞いてみると、「王様おにごっこをするとき、子どもの様子に応じて制限時間を調節することで、子どもたちがさらに熱中することができるとわかりました」と言うのです。

その後、私はこう伝えました。

「こうやって、先生の心が動いたときのことを、刻み込むように教務必携にメモに残しておくとよいですよ。きっと、あなたは後輩ができたときに言うと思います。『私には忘れることのできない体育の授業があるのです』」

その後、すぐに、教務必携に、メモをする姿がありました。

初任の先生には、毎日、「今日もよく頑張りました」と言って送り出したいものです。

（徳田達郎）

管理職⑥
ホームページを活用する習慣

・ホームページが毎日更新されるので、学校の様子がよくわかります。
・毎日ホームページを見るのが楽しみです。
・私立の学校みたいです。

これは、保護者から学校に寄せられた声です。

これまで、学校のホームページは、いつ更新したかがわからない不定期な更新、長文の説明で、ともすれば、見てもらえないものになっていたかもしれません。

そこで、教頭の立場だからこそできる、**「保護者に見てもらえるホームページづくりの具体策」**について紹介します。

①更新通知メールを出す

保護者からすると、いつホームページが更新されているかもわからないのに、わざわざ検索して見に行くことはありません。そこで、更新通知メールを出す時刻を決めます。例えば、毎日十四時半に【ホームページを更新しました】という件名で、更新したタイトルをお知らせします。

②タイトルと写真だけのホームページにする

実際に保護者がホームページを見る時間は、【一ページ一秒間】と思っています。長々とした説明は読んでもらえないと思っています。一秒で届けるために、タイトルと写真のみのホームページにします。

③ホームページ作成にかける時間は十五分間以内

教頭業務におけるホームページ作成にかける時間はたくさんとれません。そこで、継続できる時間を決めます。私は、【一日十五分以内】と決めてしまいます。十五分以上かかることは、他の職員に依頼することにしました。教頭は、デジカメで撮った写真を四枚選び、タイトルをつけるところまで。アップロードは、事務職員の方に依頼しました。これならば続けられます。

④ホームページに使った写真は一石二鳥で活用する

使った写真を印刷し、担任の先生にメッセージを添えてプレゼントしたり、子ども、保護者、職員が見るディスプレイにスライドショーで流したりします。

このように、管理職の立場だからこそできる**ホームページ活性化で、保護者の学校に対する理解が深まり、結果的に先生方の業務改善につながります。**

（徳田達郎）

管理職⑦
生活目標は率先垂範する習慣

「すすんで挨拶をしよう」という生活目標がある学校が多いのではないでしょうか。

学級担任であれば、毎朝、教室に入ってくる子どもに声をかけ、挨拶の輪を広げていくことができます。挨拶が停滞したときには、「そもそも挨拶とは何か」「何のために挨拶をするのか」「今の私たちの学級はどうだろうか」と、挨拶について授業ができます。

それでは、管理職の立場では何ができるのでしょうか。

一つ目は、**率先垂範**（そっせんすいはん）です。

私の場合、着任の挨拶で、「挨拶が大好きな教頭先生です。廊下でも、運動場でも、一日何度でも挨拶をします。よろしくお願いします」と自己紹介をしました。これが、先生と出会ったら挨拶をすることへの布石になります。実際に校舎内を歩くときには、にこにこしながら「こんにちは！」「こんにちは！」と挨拶をしていきます。「私の前を黙って通り過ぎることはできませんよ」くらいの意識です（ユーモアです）。

また、名前を覚えた子どもからどんどん、名前を呼んで挨拶をします。子どもたちは、授業を担当していない先生から名前を呼んでもらえることを喜びます。

二つ目は、**「自分から進んで挨拶する子」に育てる手立てを打つこと**です。

朝八時。登校してくる子どもたちと、挨拶をするときのことです。

あえて、教頭から挨拶をするのを控え、子どもの挨拶を待ちます。

すると、子どもたちは、二メートルまで近づいた時点で挨拶をする傾向があることがわかりました。かなりの近距離です。これに気づいたとき、挨拶は、こちらからの働きかけと、子どもが自ら挨拶する機会の両輪で取り組んでいくことが大切だと思いました。

三つ目は、**玄関に来客者の名前を表示したプレートを立てること**です。

これは、来客者に「お待ちしていました」という気持ちを伝えるとともに、職員に、来客者の存在を意識させることです。職員は、廊下で来客者と出会ったときに、自ら挨拶します。その姿を見て、子どもたちも来客者に挨拶するようになるのです。

このように、「すすんで挨拶をしよう」という生活目標に対して、管理職の立場でできることを一つずつ増やしていくことが大切だと思います。

（徳田達郎）

管理職⑧
職員と「授業の話」でつながる習慣

教頭（副校長）の生命線は、職員と「授業の話」ができるかどうかだと考えています。しかし、現実は、次々と届くメールや電話。様々な依頼事項。とても職員室を離れることができないように思います。

また、教頭と職員との話は、危機管理や校務分掌の依頼事項に終始しがちです。

それでは、どうすれば職員と「授業の話」でつながることができるのでしょうか。

それは、次のように【決める】ことです。

「五時間目は授業を見て回る」と。

校長に尋ねます。「校長先生は、何時間目に授業を見て回られますか。できれば重ならないようにと考えているのですが、私は五時間目でもよろしいでしょうか」と。また、事務職員の方には、職員室を空ける際、「授業を見て回ってきます」と伝えます。

手にはデジカメとバインダー。教室から発せられる空気感を感じとりながら廊下を歩きます。教室の熱気が伝わってくると、一礼をして教室に入ります。五感を開いて、先生と子どもたちとの関係性を感じとります。子どもたちが熱中している姿、先生の姿をデジカメで写真を撮っていきます。場合によっては、あえて教室に入らず、後ろの扉から授業の様子を見守り、気づいたことをメモすることもあります。

職員室に戻ると、ホームページ用に写真を選び、担任の先生の机上にメッセージを添えて置きます。

放課後、職員室に戻ってきた先生から、「今日は、ありがとうございました」という話が出たときこそ、その先生のよさを伝えるチャンスです。

「子どもたちの集中力、凄かったです。先生の願いに応えていますね」「先生、粘り強く勝負されていましたね」と。

時として、先生から「あのとき、どうしたらよいか、すごく迷ったのです。どうしたらよかったのでしょうか」と質問が出ることがあります。これは学びのコップが上を向いているとき、応えるチャンスです。こんなとき、職員と授業の話でつながっていることを実感します。

このようにして、職員と【授業の話】でつながることができるよう、授業について学び続ける教頭でありたいと思います。

（徳田達郎）

管理職⑨
〈内発的〉な業務改善で学校づくりをする習慣

職員が子どもと向き合う時間を確保し、やりがいをもって生き生きと働くために、業務量の削減は喫緊の課題です。業務量の削減には、【外発的】な業務改善と【内発的】な業務改善の両輪で進めていくことが大切です。

外発的な業務改善とは、ＩＣＴや外部人材など、市教委から整備されるものです。内発的な業務改善とは、校内の職員が自分たちでアイデアを出し合って進めていくものです。ここでは、内発的な業務改善を進めていくポイントを紹介します。これは、「業務改善研修」と銘打って夏季研修で一時間枠をとり、ワークショップ形式で進めていきます。

①業務改善をする【前提】をつくる

内発的な業務改善を進めるにあたって、前提をつくることが大切です。

それは、**「どんなときに教師としてのやりがいを感じるか」**を語り合うことです。

最も多く出された意見はこれでした。

「できなかった子ができるようになった瞬間に立ち会えたとき」

「やりがいに関わる、授業・学級経営にかける時間を確保するために、業務改善を進めましょう」とするのです。これが【前提】となります。

②業務改善のアイデアを出し合い、分類する

個人ワークで、業務改善のアイデアを付箋に書いていきます。次に、グループで付箋に書かれたアイデアを三つに分類します。①明日から実行できること、②部会で検討すること、③市教委に確認が必要なこと。これにより、自分たちでできることが明確化されます。ここまでが、夏季研修のワークショップです。

その後、アイデアを分類した一覧表をつくり、全職員で共有します。一覧表をもとに、部会で検討し、職員会議で提案されます。業務改善が次々と実現していきます。

【内発的】な業務改善は、自分たちの学校をつくっていく喜びにあふれ、職員は生き生きとします。業務改善によって生まれた時間を、本来の目的である、教師のやりがいに関わる「授業改善」につなげていくのです。

ぜひ、【外発的】な業務改善だけに依存せず、【内発的】な業務改善で、自分たちのやりがいのある学校をつくっていきましょう。

（徳田達郎）

管理職⑩
「先行実施型」で心理的安全性を担保する習慣

職員からのアイデアで業務改善を進める際、周りから様々な不安の声が挙がります。その不安は「できない理由探し」になり、「どうしたらできるだろうか」につながりません。これでは一向に業務改善は進みません。

そこで、オススメしたいのが、**「先行実施型」**です。

つまり、全校一斉実施するのではなく、一つの学年が試験的に一ヶ月やってみるのです。保護者にも「試験的に○年生で先行実施します」と文書でお知らせします。これによって、「足並みがそろっていません」という声は出なくなります。

先行実施を行った学年は、トライ&エラーを繰り返し、課題を洗い出します。すると、得体の知れない不安が克服すべき課題に変わります。克服すべき課題が明確になると、職員の心理的安全性が担保されます。ここで全校実施に向かうのです。

全校実施一週間前になると、職員室では、「ねぇ、ここ、どうやったらいいの？」「あ、ここですね。これ、簡単ですよ」という職員同士の知恵の共有がどんどん進んでいきます。

業務改善研修の実施後、次のような**「先行実施型」**の取り組みが生まれました。

八月：業務改善研修会
九月：デジタルドリル四年生
十月：連絡帳のオンライン化三年生
十一月：健康観察表のオンライン化四年生

ともすれば、これまでの学校は、「できない職員に足並みをそろえる」ことで心理的安全性を保っていたのかもしれません。それを、「先行実施型」によって、**足並みをそろえなくてよい状態をつくることが、業務改善が進むポイント**ではないかと思います。

（徳田達郎）

Special 至近距離から見た森川学級の秘訣

habit 1 一年間の学びの地図が描かれている

私は幸運なことに、森川先生と共に学年を組む機会がありました。その始業式前のことです。

「『ごんぎつね』を三学期にやりませんか？」

学年で国語の授業の相談をしていて、そんな提案を森川先生がされました。このときの私は「なんか面白そう」ぐらいの感覚でその提案に賛成しました。

「いろいろアイデアあるからまた共有するね」

そこから自分の教師人生が大きく変わることになるのでした。

四年生の四月の光村図書の国語の最初の教材は、「春のうた」という詩です。ここで森川先生に紹介されたのは、連ごとにカエルの見ているものを色で表現すると、連ごとの変容が浮き彫りになるというものでした。これが、子どもたちに見事に刺さり、私の授業はそれまで見たこともないような子どもたちの姿に感動したのを覚えています。しかし、森川先生の学級での授業は想像以上でした。子どもたちの「やりたい！」という熱量がすさまじいのです。そして、授業の深まり方も違いました。森川先生の学級の子どもたちは、動作化を通して、「視界」についての理解を深めていました。どうしたらこんな授業ができるのだろうか。圧倒される私は次の物語の単元である「白いぼうし」の学習でさらに衝撃を受けます。

「白いぼうし」では、様々な色彩語が使われています。「春のうた」で行っていた色の活動を元にして、色彩語や「白いぼうし」に出てくるものの色のイメージを使って読み深めていきます。子どもたちは、前の学習でしていたことを活用して生き生きと学んでいました。さらに、中心人物である松井さんについて動作化している中で、松井さんが見えているものは何か、ということに焦点をあてて物語をより深く読み込んでいきました。このときに、「視界」について学んでいたことが活かされていました。子どもたちは、本文から松井さんの立ち位置や見ているものを考えていく中で、劇化しながら読み込んでいました。学びがつながっている、学びを活用しているというのは、こういうことかと、感じました。しかし、それだけではなかったのです。

三学期最後の物語「ごんぎつね」で、四月に学んだことがさらに活かされる場面がありました。

学習の中で、ごんがうなぎをぬすんだ場面での「うわあ、ぬすっとぎつねめ」と、最後の場面の「うなぎをぬすみやがったあのごんぎつねめが」の兵十のセリフの比較から、「兵十は、うなぎをぬすんだのが、わかっていたのか」という問いが立ちました。

これについて、劇化して状況を確認すると、兵十の視界からはごんの顔が見えず、確認できていないのではないかという読みが出てきました。

四月に打った「視界」という学びの布石が三月に回収された瞬間でした。「学びは全てつながっているのだ」。一年間の森川学級を見て、一番の学びはそれでした。森川学級では、子どもたちの成長の布石がそこかしこに仕掛けられています。森川先生のこれまで実践で積み重ねてきた子どもたちの成長の体験と教材・教科への深い探究によって、この一年間を通した学びのロードマップが描かれているのだと思いました。子どもたちが成長していくイメージをもつことの大切さに気づき、私自身も今実践しようとしていますが、研究するほどにその困難さとすごさに驚かされます。それでも、森川先生の学級のように子どもたちが生き生きと学ぶ学級を目指して日々取り組んでいます。

（松下翔）

habit 2 授業の記録をとり続ける

放課後、森川先生の教室を訪ねたときのことです。教室を覗くと、森川先生の姿は、教師用の机にありました。

「ちょっとだけ待ってね」

そうおっしゃった森川先生がされていたのは、その日の授業の記録。大画面の iPad のメモアプリにその日の授業の様子や子どもの姿、よかったポイントなどをまとめておられました。私は、それを横目で見つつ、自分自身もこの後何を話すかを整理して待ちます。

「お待たせ」

「森川先生、今日の国語の授業での、〇〇さんの発言ですけど……」

と、その日の授業のミニ事後研が始まります。そこで驚かされるのは、私が「おっ、これは」と思った場面は、全て森川先生の意図があるということです。二年生の国語の物語教材「お手紙」の範読をしている場面です。

「先生が読むのをとばしちゃったんだけど、みんなだったらどう読む？」

このとき、森川先生は、がまくんが、かえるくんがお手紙を書いてくれたことを知るシーンで、

「きみが。」というセリフを読み飛ばしていたのです。森川先生が先ほどの発問をすると、子どもたちが自分の読み方でがまくんのセリフを読んで発表していきます。

私はこの場面を見ていて、森川先生がわざと読み飛ばしたことには、何かねらいがあると感じました。授業後、森川先生にこの場面の意図を尋ねたところ、

「この部分は、子どもに先生の声を残さない。（教師の）範読は、（子どもに）強烈に残るからね」

とおっしゃっていました。

範読というものは、子どもに聞かせるために行う、それがあたりまえと思っていました。しかし、あえて一部分だけ読まないことで、子どもたちに読みを表現する〈余地〉を残すとともに、その後の学習の布石を打っておられたのでした。「きみが。」というがまくんのセリフの後、かえるくんは自分で書いた手紙の内容をがまくんに話します。お手紙の内容を聞いたがまくんは「ああ。」とつぶやくそのセリフを子どもたちがどう読むか、という布石にもなっていたのです。

日常の授業の中の何気ない一言が、単元の中で子どもたちの意識の中に位置づけられて、後の学びにつながっていくことに衝撃を受けました。

あたりまえですが、授業における教師の発言や行動には何かしらの意図があるのが当然です。しかし、それを言葉で説明するのは、かなり難しいものです。私も、授業をしていて、「今日は何か

よかった」ということはわかっても、なぜそのようになったのか、なぜそれを取り上げることがよかったのか説明することができない場面が多いものです。教師という仕事の中で、日常の一つひとつの行為の意図や、なぜそうするのかを他の人に伝えることのはかなり技量のいることです。森川先生はそれをいかにして身につけられたのか。それは、日々の記録をつけることが一つにあると思います。以前、少し見せていただいた森川先生の記録には次のようなことが書いてありました。

・その授業の簡単な内容
・発問やポイントになる活動
・印象に残った子どもの発言や様子
・その授業での意識したことやポイント　など

〈これは〉という授業の記録はさらにかなり濃い内容になっていました。授業を完全に再現することを重視しているものや、その授業の中でご自身が意識されたことや気づきをメインにしたものなど、日によって違いますが、その日にあったことをすぐ記録にすることで、自分の中で固定されていきます。この積み重ねが森川先生の一人ひとりへの捉えや声かけ、授業や単元の組み立て方、そして咄嗟のときのアドリブ力などにつながっているのではないかと思います。

私も、記録の重要さを実感し、毎日つけるようにしていますが、これを続けるというのがいかに大変か実感しています。ですが、子どもたちを真剣に成長させたい、子どもにとっての本当の学びをつくりたいと願うとき、この日々の積み重ねが大事だと思い続けていこうと思うのです。（松下翔）

habit 3 書くときこそ一番アクティブ

教室で、子どもたちが感想文や振り返りを書いているとき、教師は何をしているでしょうか。授業公開の場面で、授業者の先生の多くは、こうした場面で書くことが苦手な子どもたちに寄り添っているのをよく見ます。配慮が必要な子どもに対して適切な支援をしようとした結果だと思います。あるいは、シーンとしている時間の中で、ひたすら子どもたちが書いているのを静かに見守っていることもあるでしょう。私もそうでした。しかし、森川先生の授業を見て、変わりました。森川先生の授業で、書いている場面では、先生は常に子どもたちの指導をしています。一見、個人作業をしていればいいいと思われる時間に、様々な全体指導をされているのです。

大きくパターンは二つです。

一つ目のパターンは机間指導です。これは、多くの先生がされていることと思いますが、森川先生の机間指導の大きなポイントは、「一人ひとりにかける時間」です。クラスを回りながら、森川先生はその子その子に短く声かけをしていきます。

「鉛筆が動き続けるねぇ」

「お、それ、いいね。後で、写真撮らせて」

困っている子がいれば、さっと支援が入ります。

「何に困ってる?」「ここが…」「そうかそうか。ここはどう思う?」「〜かな」「よし、それを書きなさい」

もう一つは、森川先生が前にいて、子どもたちがどんどん質問に来るパターンです。困っていることがある子がどんどんと森川先生のところに来ます。その子たちにアドバイスをしていきますが、そのときの声は、全体に聞こえるようにしています。個の対応をしているように見えて、全体の指導もしているわけです。

一人ひとりをじっくりというよりも、端的な支援をしながら、どんどん子どもたちにその場その場で必要な助言や声かけをしていくイメージです。これを見た私もさっそく実践してみましたが、うまくいきませんでした。その理由は、その場でその子に合わせた支援をすることの難しさです。

クラスに三十人もいる子どもたち一人ひとりに合った支援をその場で即座にしていくことは容易ではありません。それができるようになるには、子どもたちを見取る力が試されます。クラスの子どもの状況の進み具合も違うわけですから、それを咄嗟にしていくことがいかにレベルが高いかということです。それを森川先生は淡々とされておられました。それは、子どもたちが書いた圧倒的な作品という事実からもわかります。書く場面でこそ、子どもたちを鍛えるという教師の覚悟が問われていると感じました。

（松下翔）

habit 4 アクションで楽しく学びを深める

授業の中で、話だけでは理解するのが難しい子がクラスにはいます。どの子もわかる授業にするための手だての一つとして、「動作化」を取り入れています。森川先生は、アクションと呼んで、授業のポイントで効果的に活用されていました。「動作化」というと、低学年向きと思われますが、森川先生は四年生でも積極的に取り入れていました。

四年生の説明文の授業でのことです。物語文の学習では、場面の様子を想像させるために、劇化することがあります。森川先生は、それだけでなく、説明文の構造にもアクションを使って理解を深めることをされていました。中学年の説明文の授業で、初め、中、終わりの構造を捉え、筆者の要旨がある場所を次のようなアクションを使ってまとめておられました。（写真も参照）

森川先生　：じゃあ、アクションいくよ。初め（手をまっすぐ下ろす）。（写真①）

子どもたち：初め（真似をする）。中（手を体の中央でまっすぐ下ろす）（先生は黙って子どもたちと同じ動作をする）。終わり（初めとは逆側に手をまっすぐ下ろす）。

森川先生　：筆者の考えがあるのは？

子どもたち：初めと終わり！（両手で両方を下ろす）（写真②）

　また、二年生の物語「お手紙」では、物語の設定もアクションで確認していました。かえるくんが手紙を託したのが、うさぎくん（比べるために森川先生が登場させた）とかたつむりくんのどちらがいいかを考えた後です。

（初め）　（中）　（終わり）

アクション①

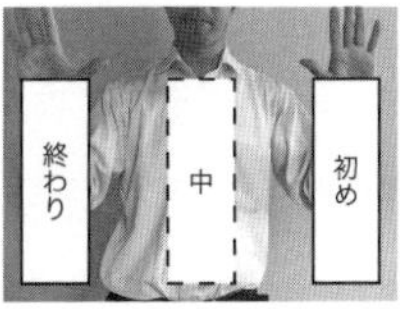

アクション②

森川先生　：かたつむりくん（右手を出す）、うさぎくん（左手を出す）、物語にあっているのは？
子どもたち：こっち～！（と、かたつむりの方を上に出す）

上下の動きで、重要度を表すことをアクションを使って捉えさせています。アクションの応用範囲の広さを改めて知りました。

私も今では、様々な授業でアクションを取り入れています。三年生の算数「分数」の単元でのことです。二年生までは割合を表す分数を学習しています。三年生では、長さや水のかさなどの量を表す分数を学習します。この割合を表しているのか、量を表しているのかは口で説明するだけでは、中々理解が難しいです。その手だての一つとして、アクションを取り入れます。

問題は、「1mの二分の一の長さは何mですか」。これを、両手を広げて再現します。

T　：（両手を広げながら）1m。これの二分の一ってどういうこと？
C1：半分！
T　：半分（両手の幅を半分くらいに）。（子どもたちも真似をする）では、四分の一は？
C2：また半分にする。

C3：半分の半分。

T　：やってみよう（最初の長さを半分にして半分にするジェスチャー）。

このやり取りで、二分の一、四分の一にする操作を感覚で掴みます。その後、「2mの四分の一は何mですか」という問題を考えます。ここで、黒板に1mと2mのテープをはり、アクションで操作を確認し、2mを四分の一にすると、1mを二分の一と同じ長さになることを視覚的、身体的に理解することをねらいました。

一年生を担任したときは、「一日一アクション」とどこか動作化できないかいつも考えていました。ちょっとした場面で、アクションが役に立ちます。算数で、たし算やひき算、かけ算といった計算も動作化をしておきます。ある子が説明しようとしたときに、困っていると、先生が、小さくその子に向かってアクションをすると、その子は「あ、そうだった」と説明を続けることができます。教師が、口出しする回数を減らすためにも、〈アクション〉は非常に有効です。学習の中で効果的にアクションを入れることで、楽しく学びを進めていくことができると学びました。（松下翔）

habit 5 教室コトバ10選

森川先生の学級では、素敵な言葉がたくさん溢れています。それが、教室全体の空気をつくり、子どもたちの成長につながっています。私も取り入れたい教室コトバを紹介します。

①「君たち、○年生だけど、高学年と授業してるみたいやなぁ」

子どもたちとの授業が盛り上がった後の一言。子どもたちとの授業を真剣に向き合ってきたときに使えます。これが子どもたちにとって最上級の褒め言葉になるクラスをつくり上げたいと思います。

②「浸りなさい」

森川先生の学級と言えば、話し合いで大盛り上がりするイメージがあると思いますが、大事なのは実は「静けさ」の方です。一見盛り上がるのはいいことのようですが、テンションが上がっているだけの話し合いと中身のある話し合いは違います。後者は、友だちの意見をしっかりと受け取るために、静かになる時間が必要になります。森川先生はこの「静けさ」をつくるのが絶妙だからこそ話し合いができるクラスになっていると考えます。その静けさをつくるときの森川先生の言葉が、「友だちの意見に浸ろう」です。大村はま先生は、「静かにしなさい」というのは、教師にとって敗北であるとおっしゃられていました。「静かにしなさい」という言葉を使わずに、静かにさせる言葉をたくさんもっておきたいものです。

③「マイナスの言葉は言いません」

学級開きのときには、必ず子どもたちの前で宣言されています。マイナスの発言があるクラスには嫌な空気が広がります。それがクラスを危機的状況に陥れます。そうした空気を排除することを宣言することは、教師の覚悟が問われます。一年間マイナスの言葉をなくそうと言い続けることの難しさは、学級担任をしていたらわかると思います。昨年度しんどい状況にあったクラスほど口にするのが難しくなります。しかし、一番しんどいのはその中にいるあの子です。諦めているあの子のために、教師が理想を語る。それを森川先生に教えていただきました。

④「あててー!」

これは、子どもたちの「コトバ」です。四年生くらいになると、発表する子が偏ってきて、発表するのを嫌がる子も出てくる。中学年からはそういうものだと私も思っていました。しかし、学習に前向きな森川先生の学級では、四年生の子がガンガン手を挙げていきます。あてられたくてたまらない。あててくれないと困る。そんな姿が浮かぶこの言葉が教室に出るようにしたいものです。

⑤「成長や！」

子どもが成長する秘訣。それは、子どもの成長を即座に見取り認めることだと思います。一人ひとりの成長が見えた瞬間にすかさず褒める。これがスタンダードになると、友だちの成長を認め合えるクラスになります。それがクラスの雰囲気をよくします。

⑥「ちょっといいですか」

森川先生のクラスの中では、座談会でこの言葉が聞こえてきます。先生が使うときは、話し合いの方向性を変えたいときや新しい視点をもたせたいときに使います。このとき、先生は話し合いの「一参加者」として発言する形になります。先生の意見が絶対というクラスだと、うまくいきませんが、子どもたちが先生の意見を超えようとする森川先生の学級では、先生の発言も一つの意見として取り入れられていきます。

このような話し合いが成立する学級の話し合いは子どもたちの熱量がものすごいです。しかし、そんなときに、おとなしいけれど教室全体の様子をよく見ている子が、「ちょっといいですか」と、みんなの視点を変えたり、方向を修正したりする意外な大活躍をするのです。

⑦「アンケートします」

話し合いをするときに、子どもたちが自分の立場を確認することは非常に大事です。それを簡単にする一言です。ちょっとみんなが迷ったときに、意見を確認する。そこからその話題について話し合う。これをやっているうちに、アンケートをとるタイミングを今か今かとうずうずしている子が出てくるようになります。

⑧「先生、考えもしなかったよ」

子どもたちは「先生は、正解を知っていてそれを教えてくれる存在だ」と思っています。その概念を崩す教室コトバです。こうした先生も想像してなかった答えが出るという場面をつくることで子どもたちは、「授業はみんなでつくっていくもの」という考えが浸透していきます。

⑨「同じように思っていた人いますか？」「～ですよね？」

子どもがみんなに向かって投げかける。子ども同士のやり取りを積み重ねてきたクラスでは、みんなに投げかけるのが、あたりまえになります。聞いている方もそれに対して自然に反応します。一学期から話し合うことを意識して積み上げてきた学級では、子どもと子どもとのやり取りが成立してきます。

⑩「……（ジェスチャー）」

森川先生は、究極の教室コトバは「無言」とよくおっしゃっています。教師が話す言葉を削りに削った境地。教師がしゃべらないことで、子どもたちが思考し、いろいろなつぶやきが生まれ、対話が始まります。しかし、ただ、しゃべらないだけでは、子どもたちはうまく動けません。だからこそ、先生のジェスチャーが子どもたちの背中を押します。言葉を削りつつも、子どもたちをそっと支える。そういうあり方を見習いたいです。

（松下翔）

【執筆者一覧】（執筆順）

森川　正樹　関西学院初等部

藤原　光雄　大阪府摂津市立別府小学校

千原まゆみ　西宮市立夙川小学校

鷹野　智香　西宮市立南甲子園小学校

茨木　　泉　西宮市立深津小学校

松下　　翔　芦屋市立岩園小学校

藤原　　薫　西宮市立深津小学校

山岡　真紀　大阪府公立小学校

田上　尚美　大阪市立城北小学校

徳田　達郎　兵庫県公立小学校

【編著者紹介】

森川　正樹（もりかわ　まさき）

兵庫教育大学大学院言語系教育分野（国語）修了，学校教育学修士，関西学院初等部教諭。令和２年版学校図書教科書編集委員。教師の詳細辞典セミナー講師，全国大学国語教育学会会員，教師塾「あまから」代表。

著書に，『授業の質を上げる超一流教師のすごいメモ』『どの子も書きまくる！作文指導アイデア』『どの子も書きまくる！日記指導アイデア』『できる先生が実はやっている 授業づくり77の習慣』（以上，明治図書），『小学生の究極の自学ノート図鑑』（小学館），『秒で刺さって子どもが動く！「教室コトバ」のつくり方』『子どもの思考がぐんぐん深まる教師のすごい！書く指導』（以上，東洋館出版社），『熱中授業をつくる！子どもの思考をゆさぶる授業づくりの技術』（学陽書房）他，教育雑誌連載，掲載多数。

教師のためのスケジュールブック『ティーチャーズログ・ノート』（フォーラム・A）のプロデュースをつとめる。


【著者紹介】

教師塾「あまから」

教師は「授業」で勝負したい，という志を同じくする者が集まり，月に一度，神戸元町のカフェ「WARP8」に集まって授業検討，学級経営の話などを交流している。参加希望は「森川正樹の“教師の笑顔向上”ブログ」(https://ameblo.jp/kyousiegao/)参照。

できる教師の習慣大全
結果を出すマインドセット

2023年７月初版第１刷刊 ©編著者 森　川　正　樹
著　者 教師塾「あまから」
発行者 藤　原　光　政
発行所 明治図書出版株式会社
http://www.meijitosho.co.jp
(企画)赤木恭平・林知里 (校正)吉田茜
〒114-0023　東京都北区滝野川7-46-1
振替00160-5-151318　電話03(5907)6703
ご注文窓口　電話03(5907)6668
＊検印省略　組版所 長野印刷商工株式会社

Printed in Japan　ISBN978-4-18-205527-0